Dr. Alexander Thiele

Basiswissen Staatsrecht I
– Staatsorganisationsrecht –

10. Auflage 2016

ISBN 978-3-86724-070-3

10. Auflage 2016

© 2016 niederle media

Bezug möglich direkt vom Verlag
niederle media
48341 Altenberge
Fax (02505) 93 98 99
E-Mail: info@niederle-media.de
www.niederle-media.de

▶ Inhalt

▶ Basiswissen Staatsrecht I

▶ Vorwort

Dieses Skript ist gedacht als Einführung in die Grundlagen des Staatsorganisationsrechts. Nicht nur von Jura-Studenten, auch in vielen anderen Ausbildungs- bzw. (Fern-) Studiengängen wird erwartet, dass das grundlegende „Funktionieren" der Bundesrepublik Deutschland bekannt ist. Nach welchem System wird z.B. der Bundestag gewählt, was unterscheidet den Bundestag vom Bundesrat und was versteht man eigentlich unter einem „Rechtsstaat"?

Der Name **niederle media** steht für Skripten, die zu einem großen Teil von Autoren mit mehrjähriger Lehr-Erfahrung als Hochschullehrer oder AG-Leiter verfasst wurden und die

- klausurrelevante Themen *kompakt* darstellen,

- meist in 1-2 Tagen und demnach *zeitsparend* durchgearbeitet werden können,

- so *verständlich* sind, dass auch Anfänger damit regelmäßig auf Anhieb klarkommen,

- *Fallbeispiele, Übersichten* und *Schemata* enthalten,

- sehr *erschwinglich* sind (ab 7 €).

Aufgrund dieser Eigenschaften sind unsere Skripten hervorragend geeignet für den ersten, unkomplizierten Einstieg in die Materie oder für eine schnelle Wiederholung kurz vor der Prüfung. Dafür drücke ich schon jetzt ganz fest die Daumen,

Jan Niederle

▶ Unsere 📖 Skripten 📋 Karteikarten 🎧 Hörbücher (CD & MP3)

Zivilrecht

- 📖 Standardfälle für Anfänger (7,90 €)
- 📖 🎧 Standardfälle BGB AT (7,90 €)
- 📖 🎧 Standardfälle Schuldrecht (7,90 €)
- 📖 🎧 Standardfälle Ges. Schuldrecht., §§ 677, 812,823
- 📖 🎧 Standardfälle Sachenrecht (9,90 €)
- 📖 🎧 Standardfälle Familien- und Erbrecht (9,90 €)
- 📖 Klausuren Übung für Fortgeschrittene (7,90 €)
- 📖 🎧 Basiswissen BGB (AT) (Frage-Antwort)
- 📖 🎧 Basiswissen SchuldR (AT) 📖 🎧 SchuldR (BT) (7 €)
- 📖 🎧 Basiswissen Sachenrecht, 📖 🎧 FamR, 📖 🎧 ErbR
- 📖 Einführung in das Bürgerliche Recht (7,90 €)
- 📖 Studienbuch BGB (AT) (12 €)
- 📖 Studienbuch Schuldrecht (AT) (12 €)
- 📖 Schuldrecht (BT) 1 - §§ 437, 536, 634, 670 ff. (9,90 €)
- 📖 Schuldrecht (BT) 2 - §§ 812, 823, 765 ff. (9,90 €)
- 📖 SachenR 1 – Bewegl. S., 📖 SachenR 2 – Unb. S. (9,9 €)
- 📖 Familienrecht und 📖 Erbrecht (Einführungen) (9,90 €)
- 📖 Streitfragen Schuldrecht (7,90 €)
- 📖 🎧 Definitionen für die Zivilrechtsklausur (9,90 €)

Strafrecht

- 📖 🎧 Standardfälle für Anfänger Band 1 (9,90 €)
- 📖 Standardfälle für Anfänger Band 2 (7,90 €)
- 📖 Standardfälle für Fortgeschrittene (12 €)
- 📖 🎧 Basiswissen Strafrecht (AT) (Frage-Antwort)
- 📖 🎧 Basiswissen Strafrecht BT 1 und 📖 🎧 BT 2 (7 €)
- 📖 Strafrecht (AT) (7,90 €)
- 📖 Strafrecht (BT) 1 – Vermögensdelikte (9,90 €)
- 📖 Strafrecht (BT) 2 – Nichtvermögensdelikte (9,90 €)
- 📖 🎧 Definitionen für die Strafrechtsklausur (7,90 €)

Irrtümer und Änderungen vorbehalten!

Öffentliches Recht

- 📖 Standardfälle Staatsrecht I – StaatsorgaR (9,90 €)
- 📖 Standardfälle Staatsrecht II – Grundrechte (9,90 €)
- 📖 🎧 Standardfälle f. Anfänger (StaatsorgaR u. GRe) (7,9 €)
- 📖 Standardfälle Verwaltungsrecht (AT) (9,90 €)
- 📖 Standardfälle Polizei- und Ordnungsrecht (9,90 €)
- 📖 Standardfälle Baurecht (9,90 €)
- 📖 Standardfälle Europarecht (9,90 €)
- 📖 Standardfälle Kommunalrecht (9,90 €)
- 📖 🎧 Basiswissen StaatsR I –StaatsorgaR (Fr-Antw.) (7 €)
- 📖 🎧 Basiswissen StaatsR II –GrundR (Frage-Antw.) (7 €)
- 📖 Basiswissen VerwaltungsR AT– (Frage-Antwort) (7 €)
- 📖 Studienbuch Staatsorganisationsrecht (9,90 €)
- 📖 Studienbuch Grundrechte (9,90 €)
- 📖 Studienbuch Verwaltungsrecht AT (12 €)
- 📖 Studienbuch Europarecht (12,90 €)
- 🎧 Basiswissen Europarecht
- 📖 Staatshaftungsrecht (9,90 €)
- 📖 VerwaltungsR AT 1 – VwVfG u. 📖 AT 2–VwGO (9,90 €)
- 📖 VerwaltungsR BT 1 – POR (9,90 €)
- 📖 VerwaltungsR BT 2 – BauR 📖 BT 3 – UmweltR (9,90 €)
- 📖 🎧 Definitionen Öffentliches Recht (9,90 €)

Steuerrecht

- 📖 Abgabenordnung (AO) (9,90 €)
- 📖 Erbschaftsteuerrecht (9,90 €)
- 📖 Steuerstrafrecht/Verfahren/Steuerhaftung (7,90 €)

Sozialrecht

- 📖 Kinder- und Jugendhilferecht (7,90 €)
- 📖 Sozialrecht (9,90 €)

Nebengebiete

- 📖 🎧 Standardfälle Handels- & GesR (9,90 €)
- 📖 🎧 Standardfälle Arbeitsrecht (9,90 €)
- 📖 Standardfälle ZPO (9,90 €)
- 📖 🎧 Basiswissen HandelsR (Frage-Antwort) (7,9 €)
- 📖 🎧 Basiswissen Gesellschaftsrecht (7,90 €)
- 📖 🎧 Basiswissen ZPO (Frage-Antwort) (7,90 €)
- 📖 🎧 Basiswissen StPO (Frage-Antwort) (7,90 €)
- 📖 Handelsrecht (9,90 €)
- 📖 Gesellschaftsrecht (9,90 €)
- 📖 Arbeitsrecht (9,90 €)
- 📖 Kollektives Arbeitsrecht (9,90 €)
- 📖 ZPO I – Erkenntnisverfahren (9,90 €)
- 📖 ZPO II – Zwangsvollstreckung (9,90 €)
- 📖 Strafprozessordnung – StPO (9,90 €)
- 📖 Einf. Internationales Privatrecht - IPR (9,90 €)
- 📖 Standardfälle IPR (9,90 €)
- 📖 Insolvenzrecht (9,90 €)
- 📖 Gewerbl. Rechtsschutz/Urheberrecht (9,90 €)
- 📖 Wettbewerbsrecht (9,90 €)
- 📖 Ratgeber 500 Spezial-Tipps für Juristen (12 €)
- 📖 Mediation (7,90 €)
- 📖 Sportrecht (9,90 €)

Karteikarten (je 9,90 €)

- 📋 Zivilrecht: BGB AT/SchuldR/Grundlagen/Schemata
- 📋 Strafrecht: AT/BT-1/BT-2/Streitfragen
- 📋 Öff. R.: StaatsorgaR/GrundR/VerwR/Schemata

Assessorexamen

- 📖 Der Aktenvortrag im Strafrecht (7,90 €)
- 📖 Der Aktenvortrag im Zivilrecht (7,90 €)
- 📖 Der Aktenvortrag im Öffentlichen Recht (7,90 €)
- 📖 Staatsanwaltl. Sitzungsdienst & Plädoyer (9,90 €)
- 📖 Die strafrechtliche Assessorklausur (7,90 €)
- 📖 Die Assessorklausur VerwR Bd. 1 (7,90 €)
- 📖 Die Assessorklausur VerwR Bd. 2 (7,90 €)
- 📖 Vertragsgestaltung in der Anwaltsstation (7 €)

Irrtümer und Änderungen vorbehalten!

BWL

- 📖 Einführung i. die Betriebswirtschaftslehre (7,90 €)
- 📖 Marketing (7 €)
- 📖 Organisationsgestaltung & -entwickl. (7,90 €)
- 📖 Fallstudien Organisationsgestaltung & -entwickl.
- 📖 Internationales Management (7 €)
- 📖 Wie gelingt meine wiss. Abschlussarbeit? (7 €)

Irrtümer und Änderungen vorbehalten!

Schemata

- 📖 Die wichtigsten Schemata-ZivR,StrafR,ÖR (14,90)
- 📖 Die wichtigsten Schemata–Nebengebiete (9,90 €)

🎧 bedeutet: auch als **Hörbuch** (CD oder MP3-Download) lieferbar!

Bei **niederle-media.de** bestellte Artikel treffen idR *nach 1-2 Werktagen* ein!

I. Grundlagen & Rechtsgeschichte

1. Womit befasst sich das Staatsrecht im Gegensatz zur Staatslehre?

Anders als die Staatslehre befasst sich das Staatsrecht mit einem **konkreten Staat**, in diesem Fall also mit dem Staat Bundesrepublik Deutschland (Geschichte und gegenwärtige Staatsorganisation). Die Staatslehre untersucht dagegen abstrakt den Begriff und das Wesen des (demokratischen Verfassungs-) Staates allgemein, ausgehend von den unterschiedlichen Erscheinungsformen in der Vergangenheit und Gegenwart.

2. Welches sind nach herrschender Lehre die konstituierenden Merkmale eines Staates?

Nach der auf *Georg Jellinek* zurückgehenden sogenannten **Drei-Elemente-Lehre** ist ein Staat die auf Dauer angelegte Zusammenfassung einer Anzahl von Menschen (**Staatsvolk**) auf einem bestimmten Teil der Erdoberfläche (**Staatsgebiet**) wobei alle gemeinschaftlich notwendigen Belange von einem obersten Willensträger geregelt werden (**Staatsgewalt**).

Staatsgebiet	Staatsvolk	Staatsgewalt

3. Beschreiben Sie kurz die historischen „Vorgänger" des heutigen Grundgesetzes!

a) Die Paulskirchenverfassung 1848/49

- Ein revolutionärer Anstoß aus Frankreich führt 1848 zur Märzrevolution und Wahl einer Nationalversammlung, die sich in der Frankfurter Paulskirche traf.

- Im März 1849 wird eine Verfassung verabschiedet. Inhalt: Kaisertum, Föderalismus, Gewaltenteilung und Grundrechte.
- Der preußische König lehnt die ihm angetragene Kaiserwürde ab;
  -> damit war die Verfassung endgültig gescheitert.

b) Die *Bismarcksche* Reichsverfassung 1871

- 1866 löst sich der Deutsche Bund auf. oß *1815*
- 1867 wird der Norddeutsche Bund gegründet.
- 1871 treten dem Norddeutschen Bund nach dem deutsch-französischen Krieg die süddeutschen Fürsten bei. Die Reichsgründung war damit eine *„Einigung von oben"*.
- Reichsverfassung enthielt demokratische (allgemeine, freie Wahlen), monarchische (Kaiser ist Staatsoberhaupt) und föderale Elemente (Bundesstaat). Gewährleistet war die Gewaltenteilung, Grundrechte gab es nicht.

c) Die Weimarer Reichsverfassung 1919

- *1914 - 1918* Nach der Niederlage im 1. Weltkrieg kam es 1918 zur Novemberrevolution. Im Januar 1919 wurde eine *Nationalversammlung* gewählt. Erstmals hatten hier Frauen das Wahlrecht.
- Die NV trat in Weimar zusammen und verabschiedete 1919 die Verfassung.
- Staatsoberhaupt ist direkt auf 7 Jahre gewählter Reichspräsident, der eine sehr starke Stellung hat.
- Am Ende der Verfassung befand sich ein detaillierter Grundrechtskatalog. Es fehlten jedoch Rechtsschutzmöglichkeiten, so dass die Grundrechte zu bloßen Programmsätzen degenerierten. *Richtlinien*
- Weiterhin gab es plebiszitäre Elemente wie Volksentscheid und -begehren. *ergänzen Wahlen -> Abstimmung d. volks*

*Kein unmittelbares Recht für den Einzelnen

- Der Reichstag wurde durch ein Verhältniswahlrecht ohne 5 %Klausel gewählt. Konsequenz: starke Zersplitterung, politische Instabilität.
  → erschweren die Bildung einer Regierungskoalition

d) Das NS-Regime
Nationalsozialistisches

- Nach Ernennung *Hitlers* zum Reichskanzler im Januar 1933 bleibt die Reichsverfassung formal in Kraft.
- Nach dem Tod *Hindenburgs* 1934 wurde *Hitler* zugleich Reichspräsident, so dass Führerbefehle fortan die wichtigste Rechtsquelle waren.
- Die Reichsverfassung wurde ausgehöhlt
  - durch die Reichstagsbrand-Verordnung vom Februar 1933, die zahlreiche Grundrechte außer Kraft setzte.
  - durch das Ermächtigungsgesetz vom März 1933, das der Regierung gestattete, selbst formelle Gesetze zu erlassen, ohne an die Verfassung gebunden zu sein.
  - durch das Gesetz über den Neuaufbau des Reichs von 1934, das die Länder auflöste und der Regierung gestattete, neues Verfassungsrecht zu setzen. *2. WK 1939 - 1945*

e) Das Grundgesetz 1949

- Nach der Kapitulation im Mai 1945 wurde Deutschland in Besatzungszonen eingeteilt. Die Hoheitsbefugnisse hatte der Kontrollrat der vier Oberkommandierenden der Alliierten.
- Zunächst bildeten die Alliierten Gemeinden, 1946 dann Länder.
- Auf dem *Herrenchiemseer Verfassungskonvent* schufen Sachverständige im Juli 1948 einen Verfassungsentwurf, der die Diskussionsgrundlage für die Beratungen des sog. *Parlamentarischen Rates* bildete. Der Parlamentarische Rat (65 Mitglieder aber nur vier Frauen) wurde von den Landtagen gewählt,

sein Vorsitzender war der spätere Bundeskanzler *Konrad Adenauer*. Am 8.5.1949 wurde das Grundgesetz beschlossen, am 23.5.1949 wurde es nach Genehmigung durch die westlichen Alliierten von den Landtagen (außer Bayern) angenommen und anschließend verkündet.

- Bundestag und Bundesrat konstituierten sich am 7.9.49, am 12.09.49 wurde *Theodor Heuss* zum ersten Bundespräsidenten gewählt.

▸ **Literatur**

📖 Burow, **JA** 1993, 207 (Rechtsgeschichte- Kurzfassung)
📖 Ennuschat/Prange, **JA** 1995, 47 (Rechtsgeschichte – Kurzf.)
📖 Frotscher/Pieroth, Verfassungsgeschichte, 12. Auflage 2013
📖 Hammer, **Jura** 2000, 57 ff. (Weimarer Reichsverfassung)
📖 Rubel, **JA** 1991, Ü 135 (gelbe Seiten) (Fragen u. Antw.)
📖 Willoweit, Deutsche Verfassungsgeschichte, 7. Auflage 2013

II. Strukturprinzipien der Verfassung

---

4. Was versteht man unter den „Strukturprinzipien der Verfassung" und woraus werden diese hergeleitet?

Die Strukturprinzipien der Verfassung bilden das **Fundament**, auf dem das staatliche Gebäude errichtet wird. Sie ergeben sich aus verschiedenen Artikeln des GG, insbesondere aber aus Art. 20 GG.

Die Bundes*republik* Deutschland ist ein *demokratischer* und *sozialer Bundesstaat*, Art. 20 I.

Daraus ergeben sich zunächst die folgenden Prinzipien:

| Republik | Demokratie | Bundesstaat | Sozialstaat |

Das **Rechtsstaatsprinzip** wird nicht explizit in Art. 20 GG genannt. Im Grundgesetz wird es nur in Art. 23 und Art. 28 GG etwas beiläufig erwähnt. Nach der zutreffenden Ansicht des BVerfG ergibt sich das Rechtsstaatsprinzip daher aus einer Zusammenschau der unterschiedlichen Bestimmungen des GG, insbesondere aus Art. 1, 20 III, 19 IV und 28 I 1 GG. Etwas verkürzend kann in einer Klausur auf Art. 20 III GG abgestellt werden.

> **Die Gesetzgebung ist an die verfassungsmäßige Ordnung, die vollziehende Gewalt und die Rechtsprechung sind an *Gesetz* und *Recht gebunden*, Art. 20 III.**

> **Die verfassungsmäßige Ordnung in den Ländern muss den Grundsätzen des republikanischen, demokratischen und sozialen *Rechtsstaates* im Sinne dieses Grundgesetzes entsprechen, Art. 28 I 1 GG.**

5. Was bedeuten die einzelnen Prinzipien?

Der Begriff der **Republik** bezieht sich auf das Staatsoberhaupt und verlangt, dass dieses wählbar und absetzbar ist und auf begrenzte Zeit gewählt wird. Gegensatz hierzu wäre die Monarchie (vgl. z.B. das Vereinigte Königreich). Über **Art. 28 I GG** gilt dieses Prinzip auch für die einzelnen Bundesländer.

Teilweise wird angenommen, dass der Begriff Republik in Anlehnung an die römische *res publica* zudem für eine bestimmte Form des Gemeinwesens stehe, die auf Freiheit und Gleichheit der Bürger gerichtet sei. Da diese Grundsätze jedoch vollständig vom Rechtsstaats- und Demokratieprinzip umfasst sind, kann im Rahmen einer Klausurbearbeitung auf diese Diskussion verzichtet werden.

Demokratie verlangt, dass alle Staatsgewalt vom Volke ausgeht (Art. 20 II GG).

> **Alle Staatsgewalt geht vom Volke aus, Art. 20 II GG.**

Das Volk soll folglich sein eigener Herr sein. In einer Aristokratie dagegen liegt die Gewalt in der Hand einer Elite, in einer (absoluten) Monarchie gar in der Hand einer einzelnen Person.

Unterscheiden lassen sich die **unmittelbare** und die **mittelbare Demokratie**. In der unmittelbaren Demokratie trifft das gesamte Volk selbst alle Sachentscheidungen. Der Vorteil liegt dabei insbesondere in der Beteiligung sämtlicher Staatsbürger an der Willensbildung. Diese Demokratieform stößt jedoch bei größeren Nationalstaaten an praktische Grenzen. Praktiziert wird daher regelmäßig eine *mittelbare* Demokratie, bei der das Volk seine Staatsgewalt in regelmäßigen Wahlen ausübt. Die in diesem Verfahren gewählten Abgeordneten sind damit für die Dauer der Wahlperiode Vertreter des ganzen Volkes.

Auch in diesem Fall bleibt das Volk weiterhin der Träger der Staatsgewalt, lediglich die Ausübung derselben wird für einen begrenzten Zeitraum auf die Abgeordneten übertragen. Daraus folgt zugleich die wichtigste Aussage des Demokratieprinzips: Jede Form der Staatsgewalt muss sich durch eine sog. **ununterbrochene Legitimationskette** auf das (Wahl-) Volk zurückführen lassen. Nur dann kann davon gesprochen werden, dass wirklich „alle" Staatsgewalt vom Volke ausgeht (siehe auch *Reffken/Thiele*, Standardfälle Staatsrecht I, S. 43 ff.).

Beispiel: Das Volk wählt den Bundestag, dieser den Bundeskanzler. Dieser wiederum bestimmt die Minister, die dann die einzelnen Mitarbeiter des Ministeriums ernennen.

Den **Bundesstaat** kennzeichnet, dass mehrere Gliedstaaten einen Gesamtstaat bilden. Zu beachten ist dabei, dass sowohl die Gliedstaaten als auch der Gesamtstaat **originäre Staatsgewalt** besitzen, sich also auch eine eigene Verfassung geben können. Abzugrenzen ist der Bundesstaat daher vom **Einheitsstaat** (Frankreich) sowie vom **Staatenbund** (etwa der deutsche Bund). Im ersten Fall gibt es nur eine originäre Staatsgewalt (nämlich den einen Zentralstaat), im

anderen Fall besitzen nur die einzelnen Staaten Hoheits-
gewalt.

Beschlüsse eines Staatenbundes müssen daher regelmäßig
auch erst in den jeweiligen Einzelstaaten durch Hoheitsakt
umgesetzt werden, wenn sie für die einzelnen Bürger Ver-
bindlichkeit erlangen sollen. In der heutigen Zeit tritt als weitere Abgrenzung die sogenannte „**supranationale Organisation**" (EU) hinzu. Diese ist noch kein Bundesstaat, aber
aufgrund ihrer zahlreichen Kompetenzen auch nicht mehr
nur Staatenbund. Sie wird daher auch als Staatenverbund
bezeichnet. Vgl. *Thiele*, Europarecht, 13. Auflage 2016.

In einem **Rechtsstaat** sind nicht nur die Beziehungen der
Bürger untereinander *gesetzlich geregelt*, sondern auch das
Verhältnis zwischen Staat und Bürgern sowie der rein innerstaatliche Bereich (*Maurer*, Staatsrecht I, § 8 Rn 5). Er bildet
damit den **Gegensatz zum Willkürstaat**. Der Bürger wird
als Rechtssubjekt anerkannt, hat Grundrechte und ist nicht
lediglich Untertan. Dies wird im GG auch durch Art. 19 IV
GG deutlich, der dem Bürger bei Rechtsverletzungen den
Rechtsweg eröffnet. Weitere Merkmale eines Rechtsstaats
sind die **Gewaltenteilung** (Legislative = gesetzgebende Gewalt, Exekutive = vollziehende Gewalt, Judikative = Rechtsprechung), die Unabhängigkeit der Gerichte, die Geltung
des Verhältnismäßigkeits- sowie des Bestimmtheitsgrund-
satzes, die Rechtssicherheit und die Staatshaftung (siehe
auch *Reffken/Thiele*, Standardfälle Staatsrecht I, S. 148 ff.).
Zu den Einzelheiten des Rechtsstaatsprinzips vgl. auch die
Fragen Nr. 21-26 und 121.

Durch das **Sozialstaatsprinzip** hat der Staat das Recht und
die Pflicht zum Tätigwerden im sozialen und wirtschaftlichen
Bereich. Er muss die sozial Schwächeren schützen und ver-
suchen, soziale Gerechtigkeit zu verwirklichen. Dabei kommt
dem Staat jedoch ein relativ großer Gestaltungsspielraum
zu. Aus dem Sozialstaatsprinzip iVm Art. 1 GG folgt jedoch
das Recht auf die Gewährleistung des Existenzminimums.
Zu den Einzelheiten vgl. Fragen Nr. 27-29.

6. Können die o.g. Strukturprinzipien durch Verfassungsänderung abgeschafft werden?

Die Grundsätze der Strukturprinzipien sind nach Art. 79 III GG unabänderlich, sog. **Ewigkeitsgarantie**. Diese Kenntnis ist für die Fallbearbeitung von großer Bedeutung. Aus der Ewigkeitsgarantie folgt nämlich zunächst, dass auch der verfassungsändernde Gesetzgeber im Rahmen einer Grundgesetzänderung nicht völlig frei ist. Vielmehr ist die Änderung an den Grundsätzen der Art. 1 und 20 GG zu messen.

> **Eine Änderung dieses Grundgesetzes, durch welche die Gliederung des Bundes in Länder, die grundsätzliche Mitwirkung der Länder bei der Gesetzgebung oder die in den Artikeln 1 und 20 niedergelegten Grundsätze berührt werden, ist unzulässig, Art. 79 III GG.**

Sofern Änderungen gegen diese Bestimmungen (Art. 1 oder 20 GG) verstoßen, stellen sie „**verfassungswidriges Verfassungsrecht**" dar und sind daher nichtig. Zum anderen folgt aus der Ewigkeitsgarantie, dass auch die Auslegung der weiteren GG-Bestimmungen stets mit den Grundsätzen der Art. 1 und 20 GG vereinbar sein muss. Ansonsten könnte über eine entsprechende Auslegung quasi eine an sich unzulässige Änderung des GG „durch die Hintertür" herbeigeführt werden. Für die Fallbearbeitung ist daher die Kenntnis der Grundsätze der Art. 1 und 20 GG zwingend erforderlich. Sie bilden den Maßstab, an dem staatliches Handeln regelmäßig zu messen ist.

Fallbeispiel hierzu bei *Reffken/Thiele*, Standardfälle Staatsrecht I, Fall 1.

**7. Was versteht man unter einer „Staatszielbestimm-
ung"?**

Staatszielbestimmungen sind Verfassungsnormen, die der
Staatstätigkeit die fortdauernde Erfüllung bestimmter Aufgaben vorschreiben. Staatszielbestimmungen sind zwar **für
die staatlichen Organe**, insbesondere für den Gesetzgeber, **verbindlich**, jedoch nur, was das Ziel selbst angeht.
Die Art und Weise der Zielerreichung ist dagegen nicht festgelegt. Beispiel für eine Staatszielbestimmung ist neben
dem Sozialstaatsprinzip z.B. der Art. 20a GG (Schutz der
natürlichen Lebensgrundlagen sowie Tierschutz).

**8. Art. 54 II GG wird dahingehend geändert, dass der
Bundespräsident nun auf Lebenszeit gewählt wird.
Wäre dies zulässig?**

Nein. Dies würde gegen das **Republikprinzip** des Art. 20 I
GG verstoßen. Es verlangt insbesondere auch, dass das
Staatsoberhaupt für eine begrenzte Zeit gewählt wird. Das
Republikprinzip zählt zu den gemäß Art. 79 III GG unabän-
derlichen Prinzipien, so dass eine solche Änderung unzulässig wäre (Stichwort: **„verfassungswidriges Verfassungsrecht"**).

**9. Was versteht man unter „demokratischer Legi-
timation"?**

Demokratische Legitimation verlangt, dass die Äußerungen
der Staatsgewalt ihren **Ausgangspunkt im Willen des Volkes** haben und dementsprechend durch das Volk begründet
und gerechtfertigt sein müssen. Da gemäß Art. 20 II GG alle
Staatsgewalt vom Volke ausgeht, verlangt das BVerfG diese Legitimation zu Recht grds. für jede Form des staatlichen
Handelns. Es spricht insoweit von dem Erfordernis einer **ununterbrochenen Legitimationskette** vom Volk zu den
staatlichen Organen. Je länger diese Kette ist, desto gering-
er ist dementsprechend auch die demokratische Legitima-

tion des handelnden Organs. So ist der Bundestag das einzige direkt vom Volk (unmittelbar) legitimierte Organ.

Dagegen sind die **Bundesminister** nur **mittelbar legitimiert**, da sie vom Bundeskanzler ernannt werden. Dieser ist jedoch dem Parlament gegenüber verantwortlich und dieses wiederum durch das Volk gewählt (die Legitimationskette wird hier besonders deutlich). Somit wird die notwendige Beziehung zwischen dem Volk als Träger der Staatsgewalt und den handelnden Organen gewährleistet.

Aus diesem Grund etwa endet das Amt eines Bundesministers auch stets dann, wenn das Amt des Bundeskanzlers endet; wäre dies nicht so, bestünde bzgl. des Ministers keine „Verbindung" mehr zum Volk, da der Kanzler, der ihn ernannt hat, ja nicht mehr existiert, vgl. Art. 69 II GG.

Aus diesen Überlegungen folgt zugleich, dass die Bedeutung der zu treffenden Entscheidungen abnehmen muss, je mehr „Glieder" sich zwischen dem Volk und dem handelnden Organ befinden. Mit anderen Worten: Je wesentlicher eine Entscheidung, desto näher muss die Beziehung des Organs zum Volk sein (sog. **Wesentlichkeitstheorie**).

Ausnahmen vom Erfordernis der ununterbrochenen Legitimationskette − etwa bei Errichtung einer unabhängigen Behörde − sind nicht per se ausgeschlossen, bedürfen jedoch einer besonderen Rechtfertigung (Bsp.: Bundesbank).

10. Was versteht man unter einer „Volksabstimmung", was unter einer „Volksbefragung"?

In einer **Volksabstimmung** entscheidet das Volk unmittelbar über Sachfragen. Demgegenüber wird es bei einer Volksbefragung lediglich nach seiner Meinung zu einem Thema befragt. Die Entscheidung treffen dann die vom Volk gewählten Abgeordneten.

11. Sind Volksabstimmungen (= Volksentscheide) nach geltendem Verfassungsrecht zulässig?

Diese Frage ist äußerst umstritten. Problematisch ist dabei, dass Art. 20 II 2 GG zwar von „Abstimmungen" spricht, im Folgenden jedoch keinerlei weitere Vorschriften nennt, wie eine solche Befragung des Volkes durchzuführen wäre. Die hM hält aufgrund dieser Zurückhaltung plebiszitäre Akte nach geltendem Verfassungsrecht für unzulässig. Sie ist der Ansicht, dass mit dem Begriff „Abstimmungen" nur der Fall der Neugliederung des Bundesgebiets (vgl. Art. 29 II) gemeint sei, nicht jedoch eine Abstimmung über Sachfragen. Möglich (aber eben auch notwendig) wäre aber eine entsprechende Verfassungsänderung. Die Einführung durch einfaches Gesetz hingegen wäre unzulässig.

Die **Gegenmeinung** beruft sich demgegenüber auf das Demokratieprinzip und eben den Begriff der „Abstimmungen" in Art. 20 II GG. Gegen diese Ansicht spricht jedoch die Überlegung, dass das Abstimmungsverfahren unklar bleibt, also weitere Regelungen notwendig sind. Diese müssen aber (wie in Art. 38 GG für die Wahlen zum Bundestag) aufgrund ihrer Bedeutung auf der Verfassungsebene erfolgen; sie sollten nicht dem Zugriff der jeweiligen parlamentarischen Mehrheit zugänglich sein.

Gegenwärtig verwirklicht das GG somit eine (strikt) repräsentative Demokratie. Hier wird die Staatsgewalt nicht durch Volksentscheid, sondern „durch besondere Organe der Gesetzgebung, der vollziehenden Gewalt und der Rechtsprechung ausgeübt", Art. 20 II 2. **Träger der Staatsgewalt bleibt aber auch in diesem Fall allein das Volk.**

12. Sind Volks*befragungen* nach geltendem Verfassungsrecht zulässig?

Ob Volksbefragungen zulässig sind, ist umstritten. In der Literatur wird teilweise darauf hingewiesen, dass es bei Volks-

18

befragungen nicht um die Teilhabe und Ausübung von **Staatsgewalt** gehe, Art. 20 II GG daher gar nicht berührt sei. Daher lasse das Grundgesetz Volksbefragungen grds. zu. Die Gegenansicht hält Volksbefragungen für unzulässig, da dadurch auf die Staatsorgane **faktisch ein sehr starker politischer Druck** ausgeübt werde. Dies führe dazu, dass auch bei einer bloßen Volksbefragung faktisch das Volk die Sachentscheidungen treffe und damit letztlich Staatsgewalt ausübe. Ohne besondere Regelungen auf der Verfassungsebene sei eine solche Ausübung allerdings unzulässig (siehe vorherige Frage). Angesichts dieser Überlegung ist auch eine Volksbefragung ohne eine entsprechende Verfassungsänderung nicht zulässig.

13. Was versteht man unter dem Begriff des zweigliedrigen Bundesstaats?

Nach diesem Begriff existieren in einem Bundesstaat lediglich der Bundesstaat und die Gliedstaaten (= Länder). Dagegen sieht eine andere Ansicht eine Dreiteilung vor, nämlich einmal Gliedstaaten, Zentralstaat und einen den Zentralstaat umfassenden Bundesstaat. Das Bundesverfassungsgericht vertritt den zweigliedrigen Begriff. Im Rahmen einer Fallbearbeitung spielt diese Unterscheidung regelmäßig keine Rolle.

14. Bundesland A wird mit Bundesland B durch Bundesgesetz und anschließendem Volksentscheid in den Ländern zusammengelegt. E, Einwohner des Bundeslandes A, sieht hierin einen Verstoß gegen das Bundesstaatsprinzip. Hat er Recht?

Nein. Das GG gewährleistet lediglich den Bestand der Bundesstaatlichkeit aber nicht den Bestand der einzelnen Länder. Tatsächlich ist die Änderung der Landesgrenzen in Art. 29 GG sowie Art. 118a GG ausdrücklich geregelt und entspricht dem im Fall genannten Verfahren.

Bemerkenswert ist in der Tat, dass dieses Verfahren unter anderem ein **Bundesgesetz** vorsieht. Seit 1994 besteht mit Art. 29 VII GG jedoch die Möglichkeit, eine Gebietsänderung auch autonom durch die Länder durch Staatsvertrag zu erreichen. Praktische Relevanz hatte diese Regelung z.b. in der Diskussion, ob Berlin mit Brandenburg „verschmelzen" sollte.

Ein ähnliches Prinzip gilt im Rahmen des Art. 28 II 1 GG. Dieser garantiert das Bestehen von *Gemeinden* als solchen (Institut), jedoch keine individuelle Garantie der konkreten, einzelnen Gemeinde. Selbstverständlich könnten sich die Länder auch nicht zu einem einzigen Bundesland zusammenschließen, da dies die Bundesstaatlichkeit faktisch aufheben würde. Dies würde Art. 79 III GG zuwiderlaufen. Wo allerdings die Grenze liegt (zwei Länder? drei Länder?) ist umstritten.

15. Welches stellt das Hauptproblem in einem Bundesstaat dar?

Das Hauptproblem in einem Bundesstaat bildet regelmäßig die Frage nach der **Verteilung der einzelnen Kompetenzen** des Bundes auf der einen und der Länder auf der anderen Seite.

16. Welchen Grundsatz stellt das GG diesbezüglich auf?

Gemäß **Art. 30 GG** sind die Ausübung der staatlichen Befugnisse und die Erfüllung der staatlichen Aufgaben Sache der Länder, soweit das GG keine andere Regelung trifft oder zulässt.

Die Ausübung der staatlichen Befugnisse und die Erfüllung der staatlichen Aufgaben ist Sache der Länder, soweit dieses Grundgesetz keine andere Regelung trifft oder zulässt, Art. 30 GG.

Der Bund ist somit nur dann zuständig, wenn sich seine Kompetenz zum Handeln positiv aus dem GG ergibt.

Zu berücksichtigen sind jedoch auch die sogenannten ungeschriebenen Kompetenzen des Bundes, nämlich einmal die
Kompetenz kraft Sachzusammenhangs, die **Annexkompetenz** und die **Kompetenz kraft Natur der Sache**, vgl.
dazu Frage 93.

Diese Kompetenzverteilung zugunsten der Länder ist auch
Ausdruck des sogenannten **Subsidiaritätsprinzips**, wonach
im Grundsatz der Hoheitsträger handeln soll, der mehr Bür-
gernähe aufweisen kann. Dieses Prinzip findet sich auch
ausdrücklich im Europarecht in Art. 5 EU bezüglich der
Kompetenzausübung der Union (siehe hierzu *Thiele*, Europarecht, S. 141).

Das Grundprinzip der Kompetenzverteilung des Art. 30 GG
wird zudem in **Art. 70 GG** für die Gesetzgebung und in **Art.
83 GG** für die Verwaltung wiederholt und konkretisiert.

Diese Regelzuständigkeit der Länder verdeutlicht die Vorbehalte, die die
Siegermächte nach dem Zweiten Weltkrieg gegen einen neuen deutschen
Zentralstaat mit zu großer Machtkonzentration hatten.

**17. Welches Verhältnis besteht zwischen Bundes- und
Landesrecht?**

Gemäß Art. 31 GG bricht Bundesrecht das entgegen-
stehende Landesrecht.

Bundesrecht bricht Landesrecht, Art. 31 GG.

Allerdings ist bei dieser Vorschrift zu beachten, dass sie nur
dann eingreifen kann, **wenn beide Rechtsnormen für sich
betrachtet rechtswirksam sind.** Sowohl das Bundes- als
auch das Landesgesetz müssen somit verfassungsgemäß
sein. Greift etwa ein Bundesgesetz in die Kompetenzen der
Länder ein, dann ist es für sich genommen bereits verfassungswidrig. Ein verfassungswidriges Gesetz vermag aber
die Rechtsfolge des Art. 31 GG nicht herbeizuführen.

Der Anwendungsbereich des Art. 31 GG ist damit eher gering.

Er gilt zudem nicht im Falle der durch die Föderalismusreform neu eingefügten Abweichungskompetenz der Länder nach Art. 72 III GG. Vielmehr gilt hier ausnahmsweise auch für das Verhältnis von Bundes- zu Landesrecht die „lex-posterior-Regel". Siehe auch Frage 92.

18.   Was besagt das Prinzip der Bundestreue?

Das Prinzip der Bundestreue ist Ausdruck des Bundesstaatsprinzips. Dieser **Grundsatz des Föderalismus** enthält die Rechtspflicht des Bundes und der Länder zu bundesfreundlichem Verhalten; alle Beteiligten (also Bund und Länder) sind demnach gehalten, dem Wesen des Bundes entsprechend zusammenzuwirken und zu seiner Festigung und zur Wahrung der Interessen seiner Glieder beizutragen (BVerfGE 1, 299).

Diese Pflicht trifft folglich beide Seiten: Die Länder sind gehalten, auf die Belange des Bundes Rücksicht zu nehmen, der Bund muss bei seinem Handeln stets auch die Interessen der Länder berücksichtigt. Dieser Grundsatz spielt dabei vor allem dort eine Rolle, wo die Kompetenzverteilung des GG eine gewisse „Arbeitsteilung" zwischen Bund und Ländern vorsieht.

Ein Beispiel bildet etwa die Bundesauftragsverwaltung. Auch auf europäischer Ebene existiert im Übrigen das vergleichbare **Gebot der Unionstreue,** wonach Union und die Mitgliedstaaten aufeinander Rücksicht nehmen müssen, vgl. Art. 4 III EU.

Das verfassungsrechtliche Verfahren, in dem Verstöße gegen das Gebot der Bundestreue geltend gemacht werden können, bildet regelmäßig der **Bund-Länder-Streit** nach Art. 93 I Nr. 3 GG iVm §§ 13 Nr. 7, 68 ff BverfGG.

19.   Was versteht man unter „Bundeszwang"?

Dieser ist in Art. 37 GG geregelt. Danach hat der Bund die Möglichkeit, ein Land, das seinen Verpflichtungen aus dem Grund- oder einem Bundesgesetz nicht nachkommt, im Wege des Bundeszwangs zur Erfüllung seiner Pflichten anzuhalten. Allerdings bedarf dies der Zustimmung des Bundesrats. Als Maßnahmen kommen etwa Sperrung der Finanzmittel, Auflösung des Parlaments, Einsatz von Polizeikräften oder gar (in Extremfällen) der Bundeswehr in Betracht. Diese Maßnahmen sind allerdings in der Geschichte der Bundesrepublik **noch nicht vorgekommen**, was auch daran liegt, dass in der Regel der Weg zum BVerfG beschritten wird.

20.   Was ist „kooperativer Föderalismus"?

Föderalismus verlangt nicht nur Arbeitsteilung, sondern eben auch **Zusammenarbeit**. Das gilt sowohl für den Bereich Bund-Länder, als auch für den Bereich Land-Land.
Im Laufe der Zeit haben sich dabei bestimmte Kooperationsformen herausgebildet. Dies sind insbesondere:

- Informelle Kontakte (Anfragen etc.).
- Konferenzen und Ausschüsse. Zu nennen wäre etwa die Konferenz der Kultusminister der Länder (KMK) oder die Konferenz der Regierungschefs von Bund und Ländern.
- Musterentwürfe für Landesgesetze. Hier trifft sich eine Kommission aus Bundes- und Ländervertretern und erarbeitet einen gemeinsamen Gesetzesentwurf, der allerdings für die einzelnen Parlamente unverbindlich ist; z.B. ein gemeinsamer Musterentwurf für ein einheitliches Polizeigesetz.
- Vertragliche Regelungen. Diese sind rechtsverbindlich. Beispiele sind Staatsverträge, Verwaltungsabkommen und Absprachen.
- Gemeinsame Einrichtungen. Bei den Ländern z.B. das ZDF oder die Zentralvergabestelle für Studienplätze (ZVS).

Auch diese Kooperation hat jedoch verfassungsrechtliche Grenzen. Grds. **Unzulässig ist daher grds. die sogenannte „Mischverwaltung"** etwa durch neue, in den Art. 83 ff. GG nicht vorgesehene Weisungsrechte (vgl. *Sodan/Zie-*

kow, Grundkurs Öffentliches Recht, § 18 Rn 16). Ganz generell muss darauf geachtet werden, dass informelle Kooperation nicht gegen Grundprinzipien der Verfassung verstößt. Dies betrifft insbesondere den (komplizierten) Bereich der Finanzierung staatlicher Aufgaben, die nach Art. 104a GG grds. an die Verwaltungskompetenz gekoppelt ist.

21. Wie lässt sich der Begriff des „Rechtsstaats" kurz definieren?

Ein Rechtsstaat ist nach *H. Maurer* ein Staat, in dem nicht nur die Beziehungen zwischen den Bürgern, sondern auch das Verhältnis zwischen Staat und Bürgern und der innerstaatliche Bereich rechtlich geregelt sind. Die Ausübung der Staatsgewalt ist also **insgesamt rechtlich gebunden** und der einzelne Mensch wird als Bürger mit Rechten und nicht als bloßes Objekt staatlichen Handelns wahrgenommen.

22. In welchem Artikel des GG ist das Rechtsstaatsprinzip verankert?

Ausdrücklich erwähnt wird das Rechtsstaatsprinzip nur in **Art. 23 und Art. 28 GG**. Das GG enthält jedoch eine Vielzahl an Artikeln, die das Rechtsstaatsprinzip zum Ausdruck bringen. Zu nennen sind etwa:

- Art. 1 ff. GG, Menschenwürdegarantie, also die Anerkennung des Staatsbürgers als Person und nicht als bloßes Objekt
- Art. 20 III GG, Rechtsbindung der Staatsgewalt
- Art. 20 II 2 GG, Gewaltenteilungsprinzip
- Art. 19 IV GG, Rechtsschutzgarantie
- Art. 14 III GG, Entschädigungspflicht bei Enteignung
- Art. 101 ff. GG, prozessuale Grundrechte.

Insgesamt ergibt sich das Rechtsstaatsprinzip nach Auffassung des BVerfG aus Art. 20 III GG über die Bindung der Einzelgewalten und aus den Art. 1 III, 19 IV, 28 I 1 GG sowie der **Gesamtkonzeption des GG**.

23. Was versteht man unter „Vorrang des Gesetzes"?

Die Exekutive ist gemäß Art. 20 III GG an „Gesetz und Recht" gebunden. Daraus ergibt sich insbesondere, dass die Exekutive bei ihrer Tätigkeit nicht *gegen* höherrangige Rechtsnormen verstoßen darf. Merksatz für den „**Vorrang des Gesetzes**":

Kein Handeln *gegen* das Gesetz!

Welche vorrangigen Normen gibt es? Zunächst sollte man sich den Aufbau der Hierarchie der Normen verdeutlichen. Die Normen sind aufgebaut wie eine Pyramide. Das **Fundament ist das Grundgesetz**. Alles, was auf dem Grundgesetz aufbaut, darf nicht in Widerspruch zu der jeweils vorhergehenden Norm stehen. Die Bundesrechtsverordnungen dürfen z.B. nicht gegen das Grundgesetz oder ein Bundesgesetz verstoßen, da sie beiden im Rang nachgehen.

**Gemeindliche Satzungen
Gemeindliche Verordnungen,
insbes. Ordnungsrecht**

**Landesrechtsverordnungen
Landesgesetze
Landesverfassung**

**Bundesrechtsverordnungen
Bundesgesetze**

Grundgesetz

Hinweis: In Zeiten der europäischen Integration ist zudem das Europäische Unionsrecht zu beachten. Dieses genießt grds. Vorrang vor sämtlichen innerstaatlichen Regelungen, einschließlich des GG (siehe *Thiele*, Europarecht, § 6).

24. Was versteht man unter „Vorbehalt des Gesetzes"?

Nach diesem Grundsatz darf die Verwaltung nur dann tätig werden, wenn sie durch Gesetz oder aufgrund eines Gesetzes dazu ermächtigt worden ist. Dieser Grundsatz ergibt sich direkt aus dem **Demokratieprinzip und dem Rechtsstaatsprinzip**. Das BVerfG geht davon aus, dass er direkt aus Art. 20 III GG folgt. Der Grund liegt in der bereits erwähnten Tatsache, dass die Bedeutung der zu treffenden Entscheidungen abnehmen muss, je weiter das handelnde Organ in der Legitimationskette vom Volk „entfernt" ist. Das BVerfG greift hierbei auf die „**Wesentlichkeitstheorie**" zurück. Danach hat der parlamentarische Gesetzgeber (also der Bundestag bzw. Landtag als das einzig unmittelbar legitimierte Organ) **alle wesentlichen Angelegenheiten im Verhältnis Staat – Bürger selbst zu regeln**. Er darf diese nicht einfach der Verwaltung überlassen. Vielmehr muss er ein Gesetz schaffen, das der Verwaltung dann als **Ermächtigungsgrundlage** dient.

Wesentlich ist dabei vor allem das, was wesentlich für die Verwirklichung der Grundrechte der Bürger ist. Insbesondere bei Maßnahmen, die den Bürger belasten, muss die Verwaltung, die in Grundrechte eingreift, also die sog. **Eingriffsverwaltung**, auf ein förmliches Parlamentsgesetz als Ermächtigungsgrundlage zurückgreifen können.

Beispiel: Die Bundesregierung warnt in einer Broschüre vor der Sekte X. Dadurch greift sie in die Religionsfreiheit (Art. 4 GG) der X ein. Da also in ein Grundrecht eingegriffen wird, ist grundsätzlich eine gesetzliche Ermächtigungsgrundlage für die Warnung erforderlich.

Fraglich ist jedoch, ob und wieweit der Vorbehalt des Gesetzes auch im Rahmen der **Leistungsverwaltung** eingreift. Bei der Leistungsverwaltung wird nicht zum Nachteil des Bürgers in seine Grundrechte eingegriffen, vielmehr werden Leistungen, z.B. Subventionen „verteilt". Es besteht weitgehend Einigkeit darüber, dass hierbei nur das „Ob" der Leistung im **Haushaltsgesetz** geregelt sein muss, d.h., ob z.B. die Subvention überhaupt gewährt wird. Die konkrete

Vergabe, also das „Wie" erfolgt dann z.B. nach den Richtlinien der Verwaltung.

Eine **Ausnahme von diesem Grundsatz** soll dann wieder gelten, wenn durch die bereit gestellten Gelder in das Grundrecht der Pressefreiheit (Art. 5 GG) oder in die Religionsfreiheit (Art. 4 GG) eingegriffen wird.

Beispiel: Es werden Gelder für einzelne Zeitungsverlage oder für Vereine, die vor Sekten warnen, bereitgestellt. Dadurch besteht jedoch die Gefahr einer unkontrollierten staatlichen Einflussnahme auf die Pressefreiheit bzw. den weltanschaulich-religiösen Bereich. Deshalb ist in beiden Fällen eine gesetzliche Grundlage für die Vergabe erforderlich.

Merksatz für den „Vorbehalt des Gesetzes":

> ## Kein Handeln *ohne* das Gesetz!

25. Was besagt der „Verhältnismäßigkeitsgrundsatz"?

Dieser aus dem Rechtsstaatsprinzip folgende Grundsatz besagt, dass staatliche Eingriffe im Blick auf den angestrebten Zweck und Erfolg **geeignet, erforderlich und angemessen** sein müssen. Er gilt für alle Staatsgewalt und für alle Rechtsgebiete und bildet das „Herzstück" jeder Grundrechtsklausur.

Bei der Prüfung der Verhältnismäßigkeit ist jedoch zu beachten, dass der parlamentarische Gesetzgeber bei den einzelnen Voraussetzungen eine gewisse **Einschätzungsprärogative** hat. Eine Unverhältnismäßigkeit ist daher nur dann anzunehmen, wenn der Gesetzgeber diesen Rahmen überschreitet und nicht bereits dann, wenn der Bearbeiter die Regelung für wenig sinnvoll hält!

Dazu auch *Reffken/Thiele*, Standardfälle Staatsrecht II, S. 30 ff.

Prüfungsschema: Die Verhältnismäßigkeit

Das Gesetz müsste **verhältnismäßig** sein.

a) Zweck des Gesetzes ist...

b) Als **Mittel** dient....

c) Geeignet ist das Mittel, wenn mit seiner Hilfe das Ziel erreicht werden kann.

d) Erforderlich ist das Mittel, wenn es kein gleich geeignetes, milderes Mittel gibt.
   aa) Gibt es ein *anderes Mittel*?
   bb) Ist dieses *in gleicher Weise geeignet*, den Zweck zu erreichen?
   cc) Ist es auch ein *milderes* = weniger belastenderes Mittel?

e) Die **Angemessenheit (Verhältnismäßigkeit i.e.S.)** ist zu verneinen, wenn der vom Gesetzgeber bezweckte Vorteil außer Verhältnis zu dem beim Grundrechtsträger eintretenden Nachteil steht.

   aa) Welcher **Nachteil** entsteht dem Grundrechtsträger?
   - Welche Rechtsgüter sind betroffen? Handelt es sich um ein besonders bedeutsames oder eher um ein weniger bedeutsames Rechtsgut (= **Rang** des beeinträchtigten Rechtsguts)?
   - Handelt es sich um einen schweren oder um einen weniger schwerwiegenden Eingriff in sein Rechtsgut (= **Intensität**)?

   bb) Welchen **Vorteil** will der Gesetzgeber erreichen?
   - Welche Rechtsgüter sollen geschützt bzw. gefördert werden? Handelt es sich um ein für die Allgemeinheit besonders bedeutsames oder eher um ein weniger bedeutsames Rechtsgut (**Rang** des geschützten bzw. geförderten Rechtsguts)?
   - Kann der Schutz des Rechtsguts aufgrund gebotener Eile oder drohender Gefahr nur mit einer besonders einschneidenden Maßnahme erreicht werden?

## 26.	Was meint der Begriff „Rechtssicherheit"?

Dieses verfassungsrechtliche Gebot verlangt, dass Gesetze und sonstige Rechtsnormen **inhaltlich klar und präzise formuliert** (= ausreichend bestimmt) und darüber hinaus dauerhaft sind. Der einzelne Bürger muss nicht nur wissen, welches Recht jetzt gerade maßgebend ist, er muss sich auch darauf verlassen können, dass die staatlichen Regelungen, an die er seine Erwartungen und Dispositionen anknüpft, Bestand haben („**Vertrauensschutz**"). Zum damit zusammenhängenden Problemkreis der echten und unechten Rückwirkung vgl. Frage 121.

## 27.	Wo findet sich die Entscheidung für die „Sozialstaatlichkeit" im GG?

Zunächst findet sich diese in Art. 20 I GG. In Art. 28 I 1 GG folgt dann die Verbindung mit dem Rechtsstaat. Insgesamt gibt es im GG jedoch nur wenige Regelungen, die das Sozialstaatsprinzip zum Ausdruck bringen.

## 28.	An wen richtet sich das in Art. 20 I GG festgelegte Sozialstaatsprinzip?

Es richtet sich als **Staatszielbestimmung** in erster Linie an den **Gesetzgeber**. Dieser ist verpflichtet, das Prinzip zu entfalten und umzusetzen und zwar in allen Rechtsbereichen. Auch die Verwaltung wird dadurch grds. verpflichtet. Als objektive Verfassungsnorm begründet es jedoch *keinerlei subjektive Rechte* des einzelnen Bürgers, z.B. keinen Anspruch auf Schaffung von zusätzlichen Studienplätzen. Ausnahme: Der Bürger hat einen Anspruch auf Gewährung des **Existenzminimums**, hergeleitet aus dem Sozialstaatsprinzip i.V.m. den Artikeln 1 I, 2 II GG. Ferner kann das Sozialstaatsprinzip im Rahmen einer Grundrechtsprüfung (insbesondere in Verbindung mit Art. 3 I GG) herangezogen werden.

29. Was folgt aus dem Sozialstaatsprinzip?

Da das Sozialstaatsprinzip noch sehr ungenau und weit ist, lassen sich daraus keine konkreten Konsequenzen ableiten, erst recht **keine konkreten Leistungsansprüche des Einzelnen.** Allerdings ergeben sich daraus insbesondere für den *Gesetzgeber* doch einige Rahmenbedingungen. Dies sind:

- **Sozialgestaltung:** Der Staat ist also verpflichtet, im sozialen und wirtschaftlichen Bereich tätig zu werden.
- **Leistungserbringung:** Der Staat muss soziale Mindeststandards absichern, etwa durch Sozialhilfe.
- Sorge für soziale Sicherheit seiner Bürger; etwa bei Unfall, Arbeitslosigkeit etc.
- **Sozialer Ausgleich** zwischen den einzelnen Bevölkerungsgruppen, um soziale Gerechtigkeit herbeizuführen.

Auf welche Art und Weise der Gesetzgeber diese Vorgaben umsetzt, bleibt jedoch ihm überlassen. Er darf allerdings nicht gänzlich untätig bleiben.

▸ **Literatur**

📖 Görisch, **JuS** 1997, 988 (Rechtsstaatsprinzip)
📖 Hobe, **JA** 1994, 394 (Rechtsstaatsprinzip)
📖 Hobe, **JA** 1994, 563 (Sozialstaatsprinzip)
📖 Hobe, **JA** 1995, 301 (Bundesstaatsprinzip)
📖 Hobe, **JA** 1995, 43 (Demokratieprinzip)
📖 Jestaedt, **JuS** 2004, 649 (Demokratieprinzip)
📖 Kluth, **JA** 1999, 606 (Verhältnismäßigkeit)
📖 Schnapp, **JuS** 1998, 873 (Sozialstaatsprinzip)
📖 Sonnenberger, **Jura** 2000, 561 (Recht und Gerechtigkeit)
📖 Wank, **Jura** 1991, 622 (Gewaltenteilung)
📖 Wehr, **JuS** 1997, 231 („Vorrang/Vorbehalt")
📖 Wrege, **Jura** 1996, 436 (Gewaltenteilung)
📖 Zacharias, **Jura** 2001, 446 (demokratische Legitimation)

III. Die Parteien

30. Welches ist die zentrale Norm bzgl. der Parteien?

Dies ist **Art. 21 GG**. Darin werden die Parteien als Akteure bei der politischen Willensbildung genannt. Die nähere Ausgestaltung erfolgt nach Art. 21 III GG durch ein Bundesgesetz.

31. Was regelt diese Norm?

Art. 21 GG anerkennt die politischen Parteien als **wesentliche Faktoren bei der politischen Willensbildung** des Volkes und legt bestimmte Rechte und Pflichten der Parteien fest. Danach ist die Gründung von Parteien grds. frei möglich. Allerdings müssen Parteien demokratischen Grundsätzen entsprechen und über die Herkunft und die Verwendung ihrer Mittel sowie über ihr Vermögen Rechenschaft ablegen. In Art. 21 II ist festgelegt unter welchen Voraussetzungen ein Parteienverbot ausgesprochen werden kann und von wem ein solches auszusprechen ist.

Hinweis: Aufgrund dieser besonderen Stellung der Parteien stellt das BVerfG die Parteien in Bezug auf die Rechte aus Art. 21 GG den übrigen Verfassungsorganen gleich. Sie haben daher die Möglichkeit – anders als sonstige Zusammenschlüsse von Bürgern – das BVerfG über den Organstreit anzurufen. Sofern sie sich hingegen in ihren sonstigen Grundrechten beeinträchtigt fühlen, steht ihnen allein die Verfassungsbeschwerde zu.

32. Was versteht man unter dem „Parteienprivileg"?

Allein das **Bundesverfassungsgericht** entscheidet darüber, ob eine Partei verfassungswidrig ist, Art. 21 II 2. Solange eine Partei nicht vom Bundesverfassungsgericht verboten ist, kann niemand geltend machen, dass es sich um eine verfassungsfeindliche Partei handelt.

Daher kann einer Partei, deren Verfassungswidrigkeit vom Bundesverfassungsgericht noch nicht festgestellt wurde, während eines Wahlkampfes z.B. nicht die Bereitstellung der Stadthalle oder des Marktplatzes mit der Begründung versagt werden, sie sei verfassungswidrig, vgl. auch Frage 148. Sie ist mithin als „ganz normale Partei" anzusehen. Da etwa das NPD-Verbotsverfahren gescheitert ist, ist folglich auch die NPD von staatlichen Behörden als Partei anzuerkennen und darf nicht im Hinblick auf eventuell bestehende verfassungsfeindliche Bestrebungen benachteiligt werden. Ohne ein formelles Parteiverbot verbietet dieses **Parteien-privileg** mithin jede Form von Diskriminierung allein aufgrund der Ziele, die die Partei verfolgt.

Grds. keinen Verstoß gegen das Parteienprivileg stellt die Überwachung einer möglicherweise verfassungsfeindlichen Partei durch den Verfassungsschutz (und damit der Exekutive) dar. Denn diese muss die Möglichkeit haben, ein Parteiverbotsverfahren durch Informationssammlung vorzubereiten. Bestätigt sich der Verdacht jedoch auch nach jahrelanger Überwachung nicht, muss die Beobachtung eingestellt werden.

33. Welche wesentlichen Aufgaben kommen den Parteien zu?

Die wichtigste Aufgabe ist die der Mitwirkung bei den Wahlen im Bund und den Ländern durch Aufstellung von Kandidaten („**Wahlvorbereitungsorganisationen**"). Darüber hinaus sollen sie insbesondere die unterschiedlichen politischen Strömungen innerhalb der Bevölkerung bündeln, politische Programme und Alternativen entwickeln sowie Nachwuchskräfte für das politische Leben fördern.

34. Wo ist der Begriff der „Partei" definiert?

In § 2 I 1 Parteiengesetz (PartG). Nach ganz überwiegender Auffassung entspricht diese einfachgesetzliche Definition derjenigen, die Art. 21 I GG zu Grunde liegt. Diese Legaldefinition enthält damit im Wesentlichen vier Merkmale:

- Vereinigung von Bürgern;
- Feste und dauerhafte Organisation dieser Vereinigung;
- Ziel, im Bundestag und/oder Landtag mitzuwirken;
- Ernsthaftigkeit dieser Zielsetzung.

Damit fallen Vereinigungen, die sich in ihrer Tätigkeit auf die kommunale Ebene beschränken, nicht unter den Parteienbegriff (sog. **Rathausparteien**). Gleiches gilt für Bürger- oder Wählerinitiativen, die nur zur Erreichung eines konkreten Ziels vorübergehend aktiv werden.

> Parteien sind Vereinigungen von Bürgern, die dauernd oder für längere Zeit für den Bereich des Bundes oder eines Landes auf die politische Willensbildung Einfluss nehmen und an der Vertretung des Volkes im Deutschen Bundestag oder in einem Landtag mitwirken wollen, wenn sie nach dem Gesamtbild der tatsächlichen Organisation, nach der Zahl ihrer Mitglieder und nach ihrem Hervortreten in der Öffentlichkeit eine ausreichende Gewähr für die Ernsthaftigkeit dieser Zielsetzung bieten, § 2 I 1 PartG.

35.   Was versteht man unter „Gründungsfreiheit"?

Dies bedeutet, dass die Gründung einer Partei weder von formellen noch von materiellen Voraussetzungen abhängig gemacht werden darf. Umfasst wird dabei auch das Recht, die Organisation und das Programm selbst festzulegen sowie die Freiheit, einer Partei beizutreten oder aus ihr auszutreten (keine Zwangsmitgliedschaft etc.).

36.   Was besagt das Prinzip der „Chancengleichheit"?

Der Staat muss, wenn er den Parteien Einrichtungen (z.B. eine Halle) zur Verfügung stellt oder andere öffentliche Leistungen gewährt, **alle Parteien gleich behandeln**.

Der Grundsatz der Chancengleichheit gilt nicht nur für den Bereich der Wahlen selbst, sondern umfasst den gesamten Wirkungskreis der Parteien. Ausnahmen von diesem Grundsatz sind nur zulässig, sofern ein zwingender Grund diese zu rechtfertigen vermag. Aus diesem Grund ist es zulässig, wenn der Umfang der Gewährung nach der Bedeutung der Parteien bis zu dem für die Erreichung ihres Zweckes erforderlichen Mindestmaß abgestuft wird, vgl. § 5 I 2 PartG. Bei der Bemessung der Sendezeit kann also die Bedeutung der Parteien zu einem gewissen Grade berücksichtigt werden.

Im Bundestagswahlkampf 2002 wurde dieses Prinzip wegen der Klage *Guido Westerwelles* wieder öffentlich diskutiert: Er wollte sich einen Platz im Fernseh-Duell der Kanzlerkandidaten „einklagen". Er hatte damit aber keinen Erfolg.

37. Was fordert das parteiliche „Demokratieprinzip"?

Nach Art. 21 I 2 GG muss die innere Ordnung der Partei demokratischen Grundsätzen entsprechen. Dieser Grundsatz fordert vor allem, dass die **Willensbildung innerhalb der Partei von unten (also von den einzelnen Parteimitgliedern) nach oben (etwa zum Vorstand) verläuft.**

Die Parteiführung muss also durch innerparteiliche Wahlen parteidemokratisch legitimiert sein. Gleiches gilt auch für das wesentliche Parteiprogramm. Dies ist durch eine begrenzte Amtszeit und wiederkehrende Wahlen zu sichern. Einfachgesetzlich sind in Ausführung dieses Grundsatzes daher regelmäßige Parteitage vorgeschrieben. Vor allem bei der **Aufstellung** der einzelnen **Listenkandidaten** für den Bundestag oder den jeweiligen Landtag gelten insoweit strenge Voraussetzungen, da nur so eine wirklich „gleiche" Wahl gewährleistet werden kann. In gewissen Grenzen werden allerdings Frauenquoten für zulässig erachtet.

38. Was ist der Unterschied zwischen unmittelbarer und mittelbarer Parteienfinanzierung?

Unmittelbare Finanzierung meint die Fälle, in denen Parteien direkt vom Staat durch Geldbeträge bezuschusst werden. Maßgebend sind hierfür die §§ 18 ff. PartG. Damit soll jedoch lediglich eine **Teilfinanzierung** ermöglicht werden. Entscheidend für die Höhe ist der Erfolg, den eine Partei bei den Wählern bei Europa-, Bundestags- und Landtagswahlen erzielt, die Summe ihrer Mitgliedsbeiträge sowie der Umfang der von ihr eingeworbenen Spenden, § 18 I 2 PartG.

Eine vollständige Parteienfinanzierung durch den Staat wird als unzulässig angesehen, da dies die **Gefahr einer Verstaatlichung** beinhalten würde. Die Parteien dürfen danach nur das vom Staat erhalten, was für die Aufrechterhaltung ihrer Funktionsfähigkeit unerlässlich ist und von ihnen selbst nicht aufgebracht werden kann.

Daher dürfen die staatlichen Mittel höchstens die Hälfte der Gesamteinnahmen der Parteien ausmachen. Die Zwitterstellung der Parteien (einerseits gesellschaftlich, andererseits staatlich) wird hier besonders deutlich.

Mittelbare Parteienfinanzierung betrifft dagegen insbesondere die steuerliche Begünstigung von Mitgliedsbeiträgen und von Spenden.

▸ Literatur
📖 Heinig/Streit, **Jura** 2000, 393 (Parteienfinanzierung)
📖 Hobe, **JA** 1995, 43 (Frage-Antwort: Demokratie/Parteien)
📖 Ipsen, **NJW** 2002, 1909 (Überblick zum neuen Parteienrecht)
📖 Ipsen, **NVwZ** 2005, 361 (Fraktionsausschluss)
📖 Morlok, **NVwZ** 2005, 157 (Chancengleichheit)
📖 Wieland, **NJW** 2005, 110 (Parteienfinanzierung)

IV. Der Bundestag

39. Wo finden sich die Wahlgrundsätze und welche sind es?

Die Wahlgrundsätze regelt **Art. 38 I 1 GG**:

| Allgemeinheit | Unmittelbarkeit | Freiheit |

| Gleichheit | Geheimheit |

40. Was bedeuten die einzelnen Grundsätze?

Der Grundsatz der **Allgemeinheit** der Wahl verlangt, dass alle Bürger an der Wahl teilnehmen können. Ausschlüsse von der Wahl aus politischen, wirtschaftlichen oder sozialen Gründen sind also unzulässig. Ausnahmen von diesem Grundsatz sind zulässig, wenn besondere rechtfertigende Gründe vorliegen. So ist etwa das vorgesehene Wahlalter nicht zu beanstanden, da die Ausübung des Wahlrechts eine gewisse geistige Reife erfordert.

Nach dem Grundsatz der **Unmittelbarkeit** ist es nicht zulässig, dass zwischen Wahlentscheidung und Wahlergebnis weitere Entscheidungen treten. Verboten sind damit insbesondere sog. Wahlmänner. Wahlmänner findet man heute noch z.B. bei der Wahl des Präsidenten der USA. Zulässig ist dagegen die Wahl über eine Liste, wobei die Reihenfolge der Kandidaten nach der Wahl allerdings nicht mehr abgeändert werden darf.

Zur daraus folgenden Verfassungswidrigkeit des sog. „ruhenden Mandats" siehe Mückl, **Jura** 2001, 704.

Gleichheit der Wahl verlangt, dass bei der Wahlvorbereitung und Durchführung (z.B. Aufstellung der Kandidaten, Auswertung der Stimmen) alle abgegebenen Stimmen gleich behandelt werden. Unterscheiden lassen sich in diesem Zusammenhang die **Zählwertgleichheit** und die **Erfolgswertgleichheit**.

Die erstere verlangt, dass alle Stimmen gleich viel zählen, also den gleichen Zählwert haben. Nicht zulässig wäre damit die Einführung eines Klassenwahlrechts. Die Erfolgswertgleichheit verlangt darüber hinaus, dass alle Stimmen auch letztlich den gleichen Einfluss bei der Zusammensetzung des Parlaments ausüben.

Ob eine Wahl allein den gleichen Zählwert oder aber auch den gleichen Erfolgswert verlangt, hängt von der Ausgestaltung des Wahlrechts ab. So muss bei der Mehrheitswahl allein der gleiche Zählwert, bei der Verhältniswahl hingegen auch der gleiche Erfolgswert gegeben sein. Vgl. dazu auch Frage 45.

Der Grundsatz der **geheimen** Wahl erfordert, dass die Wahl so durchgeführt wird, dass andere Personen nicht in Erfahrung bringen können, wie der einzelne Wähler abgestimmt hat. Der Wähler soll sichergehen können, dass er wegen seiner Wahl nicht mit Nachteilen oder Repressionen rechnen muss.

Der Grundsatz der **freien** Wahl letztlich verlangt, dass der Wähler seine Wahlentscheidung ohne Zwang oder sonstige Beeinträchtigung von außerhalb wahrnehmen kann. Dieser Grundsatz gilt sowohl für das aktive als auch für das passive Wahlrecht. Das setzt auch voraus, dass der Wähler schon im Vorfeld der Wahl die Möglichkeit hat, sich sein Urteil in einem freien und offenen Meinungsbildungsprozess bilden zu können. Unzulässig ist aus diesem Grunde etwa jegliche Form der Wahlwerbung im Wahllokal selbst.

41. Schreibt das GG ein bestimmtes Wahlsystem vor?

Nein. Das GG regelt lediglich die Wahlgrundsätze, nicht jedoch das durchaus wichtige Wahlsystem. Dies ist gemäß Art 38 III GG dem Bundesgesetzgeber überlassen. Allerdings wird man davon ausgehen können, dass Art. 38 III GG dem Gesetzgeber nicht völlig freie Hand geben wollte, sondern allein die Entscheidung zwischen Mehrheits- oder Verhältniswahlrecht offen lassen wollte.

42. Welches Wahlsystem gilt (derzeit) in der Bundesrepublik?

Gemäß § 1 I 2 BWahlG wird der Bundestag „nach den Grundsätzen einer mit der Personenwahl verbundenen Verhältniswahl gewählt" (= **personalisierte Verhältniswahl**). Hierbei gilt gemäß § 6 III BWahlG die sog. *5 %-Sperrklausel.* Das hat zur Folge, dass Parteien, die nicht mindestens 5 % der gültigen Zweitstimmen erhalten haben, bei der Sitzvergabe unberücksichtigt bleiben. Etwas anderes gilt nur dann, wenn die Partei ausnahmsweise drei Direktmandate erringen konnte.

Im Kern handelt es **sich bei der Bundestagswahl damit um eine Verhältniswahl**. Im Idealfall soll allein die personelle Besetzung teilweise über die Direktmandate erfolgen, ohne dass sich die Mehrheitsverhältnisse ändern (siehe aber Frage 45). Dies hat vor allem Konsequenzen für die Auslegung der Wahlgrundsätze. So verlangt die Verhältniswahl neben dem gleichen Zählwert auch den gleichen Erfolgswert der Stimmen.

Überblick zum Wahlrecht auch bei *Reffken/Thiele*, Standardfälle Staatsrecht I, S. 99 ff.

43. Was kennzeichnet die Mehrheitswahl oder Persönlichkeitswahl?

Hierbei wird das Wahlgebiet in Wahlkreise eingeteilt, wobei jeder Wahlkreis einen Abgeordneten wählt. **Gewählt ist dabei, wer die meisten Stimmen hat.** Bei einer reinen Mehrheitswahl gibt es also exakt so viele Wahlkreise wie zu wählende Abgeordnete.

Unterscheiden lassen sich die **absolute Mehrheitswahl**, bei der für einen Wahlsieg 50% + eine Stimme erforderlich sind und die **relative Mehrheitswahl**, bei der stets derjenige siegt, der die meisten Stimmen erhält.

Sofern lediglich zwei Kandidaten in einem Wahlkreis antreten, unterscheiden sich die absolute und die relative Mehrheitswahl nicht. Treten bei der absoluten Mehrheitswahl hingegen mehr als zwei Kandidaten an, kann – anders als bei der relativen Mehrheitswahl – eine Stichwahl erforderlich sein.

44. Was kennzeichnet die Verhältniswahl?

Bei der reinen Verhältniswahl bildet das gesamte **Wahlgebiet nur einen Wahlkreis.** Es wird dabei nicht eine Person, sondern eine Liste mit Personen (also quasi eine politische Partei) gewählt. Jede Liste erhält dabei so viele Sitze im Parlament, wie prozentual Stimmen für sie abgegeben worden sind. In der Bundesrepublik werden alle Sitze des Bundestages nach diesem Prinzip (mit der Zweitstimme) vergeben. Zu beachten ist jedoch, dass bei der Besetzung der Mandate zunächst die Direktmandate verteilt und anschließend die prozentual noch fehlenden Sitze anhand der Liste „aufgefüllt" werden.

45. Was sind Überhangmandate?

Aufgrund der Mischung des Wahlsystems kann es vorkommen, dass eine Partei durch eine große Anzahl an Direktmandaten **mehr Sitze errungen hat als ihr eigentlich**

prozentual gesehen zustehen würden. Erhält eine Partei etwa 245 Direktmandate, obwohl ihr nach der Gesamtzahl der abgegebenen Zweitstimmen lediglich 240 Sitze zustehen würden, so hätte diese Partei 5 Überhangmandate. Gemäß § 6 BWahlG **verbleiben diese zusätzlichen Mandate den einzelnen Parteien.** Somit erhöht sich letztlich die Gesamtzahl der Bundestagsabgeordneten. In unserem Beispiel wären es statt 598 nun 603 Abgeordnete.

Begünstigt wurden durch dieses System regelmäßig die großen Parteien (SPD und CDU). Sie erhielten meist zwischen 2 und 12 Überhangmandate. Bezüglich dieses Systems wurden daher schon seit langem **verfassungsrechtliche Bedenken** erhoben. Moniert wurde ein Verstoß gegen den Grundsatz der Gleichheit der Wahl. Denn der Erfolgswert derjenigen Stimmen, die nicht nur das Zweitstimmenmandat, sondern auch das Überhangmandat trugen, war überhöht. Damit hatte nicht jede Stimme den gleichen Einfluss auf das Wahlergebnis. Das BVerfG hatte jedoch mit 4 zu 4 Stimmen (!) die Verfassungsmäßigkeit bejaht (BVerfGE 95, 335). Einen Ausgleich der Überhangmandate über „freie Plätze" in anderen Bundesländern, hielt das Gericht also nicht für erforderlich.

Das BVerfG stellte jedoch Grenzen für die Zahl der Überhangmandate auf. Laut BVerfG (Urteil vom 25. Juli 2012) ergibt sich eine zulässige Höchstgrenze von etwa 15 Überhangmandaten.

Nach dem erstmals bei der Bundestagswahl 2013 angewandten neuen Wahlrecht kommt es nach § 6 BWahlG nunmehr jedoch zu einem **Ausgleich der Überhangmandate,** indem auch den anderen Parteien weitere Mandate zugesprochen werden. Die Größe des Bundestages wird so noch einmal erhöht. Andererseits wird auf diese Weise sichergestellt, dass Überhangmandate keinen Einfluss auf die Mehrheitsverhältnisse im Bundestag mehr haben.

**46. Nachdem über einen von der Regierung einge-
brachten Gesetzentwurf bereits beraten wurde,
kommt es zu Neuwahlen. Kann der neue Bundestag diesen Entwurf verabschieden?**

Der neue Bundestag kann den Entwurf nicht verabschieden.
Für den Bundestag gilt der Grundsatz der (personellen und
sachlichen) Diskontinuität. Danach gelten alle nicht abgeschlossenen Vorgänge mit dem Zusammentritt des neuen
Bundestages als erledigt. Jeder neue Bundestag soll insofern wieder völlig frei in seinen Entscheidungen sein. Man
spricht daher auch vom 2., 3. ... Bundestag. Der Grundsatz
der Diskontinuität gilt nach überwiegender Auffassung als
Verfassungsgewohnheitsrecht; normiert ist er darüber
hinaus in § 125 GOBT. Auch hier müsste das gesamte
Gesetzgebungsverfahren wieder von vorne beginnen.

Die genaue Reichweite dieses Grundsatzes ist nicht immer ganz einfach
zu bestimmen. So ist es etwa nicht ganz klar, ob er auch für ein Gesetz
greift, das den Bundestag bereits verlassen hat und dem nur noch die Zustimmung des Bundesrates fehlt. Der Bundesrat ist im Gegensatz zum
Bundestag ein ständiges Organ. Aufgrund der unterschiedlichen Termine
für die Landtagswahlen kommt es dort zu einer kontinuierlichen Veränder-
ung der einzelnen Mitglieder. Daher gilt dort der Grundsatz der Diskontinuität nicht.

**47. Wie lang ist derzeit eine Wahlperiode? Wo steht
das?**

Der Bundestag wird gegenwärtig auf vier Jahre gewählt.
Dies ergibt sich aus Art. 39 I 1 GG.

Gegenwärtig wird über eine Verlängerung der Wahlperiode nachgedacht.
Das ist durch eine Verfassungsänderung grds. möglich. Allerdings sind
dabei die Grenzen des Art. 20 GG zu beachten (vgl. Art. 79 III GG). So
fordert das Demokratieprinzip eine ununterbrochene Legitimationskette
vom Volk zu den staatlichen Organen. Eine „Unterbrechung" ist dabei
auch dann anzunehmen, wenn der Zeitpunkt zwischen zwei Wahlen zu
lang ist. In einem solchen Fall besteht die Gefahr, dass der Volkswille zu
stark von dem durch die Abgeordneten artikulierten Willen auseinander
fällt. Wo die Grenze ist, ist jedoch nicht ganz klar. Fünf Jahre sind wohl
möglich, sieben Jahre hingegen wohl zu lang. Fall dazu bei *Reffken/
Thiele*, Standardfälle Staatsrecht I, Fall 1.

48. Wie kann es zu einer vorzeitigen Auflösung des Bundestages kommen?

Das GG nennt hierfür **zwei mögliche Konstellationen:**

- Nach Art. 63 IV S. 3 GG kann der Bundespräsident den Bundestag auflösen, wenn der Kanzler nur mit einfacher Mehrheit gewählt wird. Der Bundespräsident *muss* dies also nicht, er hat ein **politisches Ermessen**.
- Art. 68 I GG regelt den Fall, dass der Kanzler an einer Vertrauensfrage scheitert. Der Kanzler kann dann entweder als Minderheitenkanzler weiterregieren oder dem Bundespräsidenten die Auflösung des Bundestages vorschlagen. Ob der Bundespräsident tatsächlich eine solche Auflösung verfügt, liegt dabei in seinem Ermessen.

Zu einer Auflösung des Bundestages über das Institut der Vertrauensfrage ist es in der Geschichte der Bundesrepublik bereits zwei Mal gekommen. Im Jahre 1982 wollte *Helmut Kohl* die Auflösung nutzen, um in einer für ihn günstigen Zeit Neuwahlen herbeizuführen, obwohl er im Bundestag nach dem Koalitionswechsel der FDP eigentlich eine Mehrheit hatte. Vereinbarungsgemäß enthielten sich die Regierungsparteien bei der Vertrauensfrage, so dass der Bundestag *Kohl* das Vertrauen versagte.

Das BVerfG hat dieses Vorgehen als verfassungsgemäß gebilligt. Es hat dabei festgestellt, dass es zulässig ist, mit der Vertrauensfrage eine Auflösung herbeizuführen (sog. unechte Vertrauensfrage), wenn der Bundeskanzler trotz einer formalen Mehrheit im Bundestag der Auffassung ist, dass er sich dieser Mehrheit aufgrund einer gewissen „Krisenlage" nicht sicher sein kann. Bei der Beurteilung dieser Frage kommt dem Bundeskanzler ein weiter Beurteilungsspielraum zu.

Das BVerfG (JZ 2005, 1049 ff.) hat diese Rechtsprechung im Wesentlichen bestätigt, nachdem *Gerhard Schröder* nach einer verlorenen Landtagswahl eine unechte Vertrauensfrage gestellt hatte. Das neue Urteil vermag allerdings nicht zu überzeugen. Eine verlorene Landtagswahl hat auf die Kräfteverhältnisse im Bundes*tag* (und allein auf diese kommt es an) keinen unmittelbaren Einfluss. Allein die Tatsache, dass sich im Bundes*rat* die Mehrheitsverhältnisse geändert haben und der Bundes*rat* daher das Regieren erschwert, stellt mit anderen Worten keine „Krisenlage" dar. Dazu auch *Starck*, Anmerkung JZ 2005, 1053 ff.

Hinweis: Zu den beiden BVerfG-Verfahren kam es jeweils durch einzelne Abgeordnete, die gegen die vorzeitige Auflösung klagten. Die einzelnen Abgeordneten haben über Art. 39 GG grds. das Recht auf eine volle Legislaturperiode. Eine Verkürzung der Legislaturperiode ist also nur dann ohne Verstoß gegen dieses Recht möglich, wenn das Grundgesetz eine vorzeitige Auflösung vorsieht und diese Regelung auch verfassungsgemäß angewandt wird. Einschlägig ist das Organstreitverfahren, Antragsgegner ist der Bundespräsident, Antragsgegenstand die Auflösungsverfügung.

Andere Möglichkeiten der Auflösung des Bundestages sind **nicht zulässig**, insbesondere auch nicht die sogenannte „Selbstauflösung". Diese Möglichkeit hat der Verfassungsgeber aufgrund negativer Erfahrungen in der Weimarer Republik bewusst nicht vorgesehen. Der Bundestag soll sich seiner Aufgabe auch in schwierigen Situationen nicht einfach entziehen können.

49. Was versteht man unter einem „freien Mandat"?

Gemäß **Art. 38 I 2 GG** sind die Abgeordneten Vertreter des ganzen Volkes, an Aufträge und Weisungen nicht gebunden und nur ihrem Gewissen unterworfen, sog. **freies Mandat**. Lediglich die Verfassung ist für die Abgeordneten verbindlich. Gegenstück wäre das imperative Mandat (etwa im Bundesrat).

In einer Parteiendemokratie gerät das freie Mandat immer wieder in einen gewissen Konflikt mit dem Interesse der Partei/Fraktion an einem einheitlichen Auftreten. Dabei wird man davon ausgehen müssen, dass eine gewisse **Fraktionsdisziplin** vom einzelnen Abgeordneten durchaus gefordert werden kann. Zulässig ist also die rechtlich unverbindliche Einwirkung auf den Abgeordneten durch Appelle, Aufforderungen oder andere Verhaltensregeln. Ein stetiges Abweichen eines Abgeordneten von dieser Fraktionsdisziplin muss die Fraktion nicht dulden, so dass in einem solchen Fall auch ein Ausschluss des Abgeordneten aus der Fraktion zulässig ist.

Generell unzulässig ist hingegen der sog. **Fraktionszwang**, bei dem der einzelne Abgeordnete (ggf. unter Androhung von Repressalien) verpflichtet wird, stets mit der Fraktion abzustimmen.

Fraglich ist, auf welchem **Rechtsweg** sich der einzelne Abgeordnete gegen einen Fraktionsausschluss zur Wehr setzen kann. Angesichts der besonderen Bedeutung des Fraktionszusammenschlusses für den einzelnen Abgeordneten handelt es sich hier nach richtiger Auffassung um eine verfassungsrechtliche Streitigkeit; das richtige Verfahren ist der Organstreit.

Wegen eines Verstoßes gegen Art. 38 I 2 GG wäre es auch nicht zulässig, § 46 BWG um eine Regelung zu ergänzen, die den Verlust des Abgeordnetenmandats vorsieht, sofern der Abgeordnete aus seiner Partei austritt.

50. Welches sind die wichtigsten Statusrechte der Abgeordneten?

Diese lassen sich als **Recht auf Mitwirkung im Bundestag** zusammenfassen. Es sind insbesondere:

- Recht auf Teilnahme an den Sitzungen des Bundestages
- Rederecht
- Antrags- und Initiativrecht

- Recht auf Teilnahme an den Abstimmungen und Wahlen
- Frage- und Informationsrecht gegenüber der Regierung
- Recht, sich mit anderen Abgeordneten zu einer Fraktion zusammenzuschließen.

51. Was regelt Art. 46 I GG?

Dieser regelt die **Indemnität** der Abgeordneten. Danach dürfen diese zu keiner Zeit, also auch nicht nach Ende ihrer Amtszeit, wegen ihrer Äußerungen und Abstimmungen im Bundestag oder in einem seiner Ausschüsse gerichtlich oder dienstlich verfolgt werden. Die Indemnität gilt nicht für verleumderische Beleidigungen (Art. 46 I 2 GG). Der Sinn der Indemnität liegt in der Sicherung der Funktionsfähigkeit des Parlaments.

52. Was versteht man unter „Immunität"?

Dieser Status des Abgeordneten ist in Art. 46 II GG geregelt. Danach darf ein Abgeordneter wegen einer Straftat nur zur Verantwortung gezogen werden, wenn der Bundestag seine Genehmigung erteilt hat. Dies gilt auch für sämtliche staatsanwaltliche und polizeiliche Ermittlungsverfahren. Im Gegensatz zur Indemnität ist dieser Grundsatz auf die Zeit als Abgeordneter beschränkt, greift aber auch für Straftaten, die außerhalb des Plenums begangen werden. Auch hier liegt der Sinn in der Sicherung der Funktionsfähigkeit des Parlaments.

53. Wo sind die einzelnen Befugnisse der Abgeordneten im Detail geregelt?

Genaue Regelungen finden sich in der **Geschäftsordnung des Bundestages** (GeschOBT), die der Bundestag gemäß Art. 40 I 2 GG erlassen darf. Diese muss selbstverständlich dem GG entsprechen und gilt nur für die jeweilige Wahlperiode. Sie wird jedoch vom neuen Bundestag regelmäßig pauschal übernommen.

54. Was bestimmt Art. 40 II GG?

Gemäß Art. 40 II GG übt der Bundestagspräsident das **Hausrecht** im Bundestag aus und hat auch die **Polizeigewalt**. Das Hausrecht meint dabei die privatrechtliche Befugnis jedes Eigentümers. Die Polizeigewalt führt dazu, dass die allgemeinen Polizeibehörden im Bundestag unzuständig sind. Dem Bundestagspräsidenten unterstehen Polizeivollzugsbeamte (§ 1 II BPolG).
Die allgemeinen Polizeibehörden dürfen nur auf Ersuchen des Bundespräsidenten tätig werden und unterliegen dann seinen Weisungen. Zudem bestimmt Art. 46 II 2 GG, dass Durchsuchungen und Beschlagnahmen stets der (vorherigen) Genehmigung durch den Bundestagspräsidenten bedürfen.

55. Was sind Fraktionen?

Gemäß der Legaldefinition des § 10 I GeschO BT sind Fraktionen Vereinigungen von mindestens 5 % der Mitglieder des Bundestages, die derselben Partei oder solchen Parteien angehören, die auf Grund gleichgerichteter politischer Ziele in keinem Land miteinander im Wettbewerb stehen (z.B. CDU/CSU). Weitere Regelungen finden sich in §§ 45 ff. AbgG. Fraktionen sind laut BVerfG „**notwendige Einrichtungen des Verfassungslebens** und maßgebliche Faktoren der politischen Willensbildung". Im GG werden sie lediglich in Art. 53a GG genannt.

56. Was sind dagegen parlamentarische Gruppen?

Dies sind Zusammenschlüsse von Abgeordneten einer Partei, die nicht in Fraktionsstärke im Bundestag vertreten ist. Möglich ist dies etwa über **drei Direktmandate** einer Partei, vgl. § 6 III BWahlG.

57. Welches sind die Hauptaufgaben des Bundestages?

In erster Linie ist der Bundestag zur **Gesetzgebung** berufen. Der Bundestag beherrscht damit sämtliche staatlichen Organe, da die Gesetze für alle verbindlich sind. Man denke auch an den Gesetzesvorbehalt, wonach der Gesetzgeber (= Bundestag) alle wesentlichen Fragen selbst durch formelles Gesetz regeln muss. Des Weiteren hat der Bundestag die Aufgabe, durch Wahlen eine ganze Reihe wichtiger Staatsorgane zu besetzen. Zu nennen wären hier etwa:

- Bundeskanzler, Art. 63 GG,
- Bundespräsident (als eine Hälfte der Bundesversammlung), Art. 54 GG,
- eine Hälfte der Richter des BVerfG, Art. 94 I GG,
- Wehrbeauftragter, § 13 Gesetz über den Wehrbeauftragten,
- Präsident d. Bundesrechnungshofs, § 3 BRHG.

Der Bundestag muss auch bei wichtigen politischen Akten seine Zustimmung erteilen. Zu nennen sind:

- Völkerrechtliche Verträge; dies folgt aus Art. 59 II GG,
- Feststellung des Haushaltsplans, Art. 110 II 1 GG,
- Einsätze der Bundeswehr. Dies folgt nicht aus dem GG selbst, jedoch hat das BVerfG dies in BVerfGE 90, 286, 383 entschieden.

Als letzter und überaus wichtiger Punkt folgt noch die **parlamentarische Kontrolle** als eine der klassischen Aufgaben eines Parlaments. Zu nennen sind an dieser Stelle das Zitier- und Interpellationsrecht nach Art. 43 I GG, das die Verpflichtung, Rede und Antwort zu stehen impliziert sowie das überaus wichtige parlamentarische **Untersuchungsausschussverfahren**, Art. 44 GG. Dieses spielt in der Öffentlichkeit eine besondere Rolle (siehe etwa im Jahre 2013 den Untersuchungsausschuss zum „NSU").

> **Literatur**

📕 Caspar, **DVBl.** 2004, 845 (Untersuchungsausschüsse)
📕 Hobe, **JA** 1995, 406 (Bundestag und Bundesrat)
📕 Hobe, **JA** 1995, 43 (44) (Wahlrechtsgrundsätze)
📕 Hobe, **JA** 1998, 50 (Sperrklausel und Überhangmandate)
📕 Holste, **DÖV** 2005, 110 (Wahlrecht)
📕 Ipsen, **NJW** 2005, 2201 (Bundestagsauflösung)
📕 Kunig, **Jura** 1994, 554 (Wahlrechtsgrundsätze, Art. 38 I)
📕 Philipp, **Jura** 2005, 512 (Bundestagsauflösung)
📕 Reimer, **JuS** 2005, 680 (Bundestagsauflösung)
📕 Schulte, **Jura** 2003, 505 (Untersuchungsausschuss)
📕 Silberhorn, **JA** 2000, 858 (Wahlpflicht)
📕 Thiele, **JA** 2005, 871 (Auflösungsverfügung)

V.	Die Bundesregierung

58. Wo finden sich Regelungen über die Bundesregierung?

Das GG regelt die Bundesregierung in einem eigenen Abschnitt in den Art. 62-69 GG.

59. Woraus besteht die Bundesregierung?

Gemäß Art. 62 GG besteht die Bundesregierung aus dem Bundeskanzler und den Bundesministern („**Kabinett**"). Der Bundeskanzler ist dabei der Vorsitzende der Regierung und leitet ihre Sitzungen. Darüber hinaus bestimmt er auch Kraft seiner **Richtlinienkompetenz** die gesamtpolitische Richtung. Die Bundesminister sind stimmberechtigte Mitglieder des Kabinetts sowie Leiter eines bestimmten Fachministeriums (**Ressortkompetenz**). Sie stehen gemäß § 1 BMinG in einem "öffentlich-rechtlichen Amtsverhältnis" zum Bund.

Die bisherigen Bundeskanzler waren: *Konrad Adenauer* (1949-1963); *Ludwig Erhard* (1963-1966); *Kurt-Georg Kiesinger* (1966-1969); *Willy Brandt* (1969-1974); *Helmut Schmidt* (1974-1982); *Helmut Kohl* (1982-1998); *Gerhard Schröder* (1998-2005); *Angela Merkel* (seit 2005).

60. Was sind „Staatssekretäre"?

Staatssekretäre sind zwar keine Mitglieder der Bundes-regierung, allerdings dem Bundeskanzler oder einem Bundesminister zugeordnet. Zu unterscheiden sind die beamteten und die parlamentarischen Staatssekretäre. Der **beamtete Staatssekretär** bildet die Spitze des Verwaltungs-apparates im Ministerium. Der **parlamentarische Staatssekretär** dagegen wird dem Bundeskanzler/Bundesminister zur Unterstützung der Erfüllung seiner Regierungsaufgaben beigegeben (§ 1 ParlStG). Er soll grds. die Kontakte zum Parlament, zur Öffentlichkeit und zu ausländischen Instanzen pflegen.

Eine Sonderrolle nimmt der sog. **Kanzleramtsminister** ein. Er ist Chef des Bundeskanzleramts und somit aufgaben-technisch Staatssekretär. Diese Aufgabe nimmt er allerdings als Minister und damit als Mitglied der Regierung wahr.

61. Wo ist die Wahl des Bundeskanzlers geregelt?

In Art. 63 GG. Danach wird der Bundeskanzler vom **Bundestage ohne Aussprache** nach einem Vorschlag des Bundespräsidenten gewählt. Erforderlich ist dabei im ersten Wahlgang die **absolute Mehrheit** der Mitglieder des Bundestages. Kommt eine Wahl nicht zustande, kann der Bundestag innerhalb einer Frist von 14 Tagen beliebig viele Wahlgänge durchführen. Erreicht ein Kandidat die absolute Mehrheit, so ist dieser vom Bundespräsidenten zu ernennen. Kommt auch in dieser Zeitspanne keine Wahl zustande, so muss ein letzter Wahlgang durchgeführt werden, bei dem gewählt ist, wer die meisten Stimmen erlangt (relative Mehrheit). Erreicht der Kandidat sogar die absolute Mehrheit, muss der Bundespräsident ihn ernennen. Ansonsten hat der Bundespräsident die Wahl, zwischen Ernennung und Auflösung des Bundestages.

62. Von wem werden die Bundesminister ernannt?

Gemäß Art. 64 I GG vom Bundespräsidenten auf Vorschlag des Bundeskanzlers. Nur eine durch den Bundeskanzler vorgeschlagene Person kann also Bundesminister werden.

63. Kann der Bundespräsident die Ernennung einer vorgeschlagenen Person verweigern?

Diese Frage ist in der Literatur umstritten. Art. 64 I GG ist diesbezüglich jedenfalls nicht eindeutig. Zu beachten ist jedoch, dass der Bundeskanzler für die Politik die (politische) Verantwortung trägt. Daher ist im Grundsatz davon auszugehen, dass er auch frei über die Besetzung der Ministerstellen entscheiden kann. Der Bundespräsident kann den Vorschlag des Kanzlers also nicht aus politischen oder parteipolitischen Gründen ablehnen.

Auch die Frage der persönlichen Eignung oder Befähigung ist allein Sache des Kanzlers. Allerdings muss der Bundespräsident den Vorgeschlagenen ablehnen, wenn die **rechtlichen Voraussetzungen** nicht vorliegen. Dies wäre etwa der Fall, wenn ein Ausländer vorgeschlagen werden würde. Ein Ausländer kann nicht Bundesminister werden, da schon die Abgeordneten des Bundestages „Deutsche" i.S.d. Art. 116 GG sein müssen (§ 15 I Nr. 1 BwahlG), so dass dies erst recht für einen Bundesminister gelten muss.

64. Sind durch Art. 63 I GG auch außerparlamentarische Beratungen über die Wahl des Kanzlers ausgeschlossen?

Nein. Art. 63 I GG betrifft nur die Personaldebatte im Bundestag selbst. Vorherige Beratungen und Absprachen sind geradezu notwendig, um die Wahl nicht dem Zufall zu überlassen. Man denke etwa an **Koalitionsvereinbarungen**.

65. Was versteht man unter „Koalitionsvereinbarungen"?

Dies sind Vereinbarungen zwischen zwei oder mehreren Parteien über die Bildung einer gemeinsamen Regierung, die künftige Regierungspolitik und die Verteilung der Regierungsämter. **Partner dieser Koalition** sind also nicht etwa der Kanzler oder die Bundesminister, sondern **die Parteien** selbst.

In der Regel wird die Vereinbarung in einer Urkunde festgelegt und von beiden Seiten unterzeichnet. Die genaue **Rechtsnatur** einer solchen Koalitionsvereinbarung ist umstritten. Fraglich ist, ob ein Vertrag oder lediglich eine informelle Absprache vorliegt, die lediglich politische (und keine rechtliche) Bindungswirkung entfaltet. Weitgehend einig ist man sich jedenfalls darüber, dass Koalitionsverträge jedenfalls **nicht justiziabel** sind.

Bei der Begründung tun sich die Vertreter der Vertragstheorie jedoch schwer. Sie gehen von Verfassungsverträgen aus, für die grds. nur der Rechtsweg zum BVerfG in Betracht käme. Hierfür fehle jedoch eine Zuständigkeit im Zuständigkeitskatalog des BVerfG. Überzeugender ist es aber, den Vereinbarungen von vornherein keinen Vertragscharakter zu geben, sondern sie zu den **informellen Kontakten** zu zählen. Dennoch kommt den Vereinbarungen natürlich höchste politische Bedeutung zu, so dass ein einseitiges Abweichen einer der Seiten nicht ohne politische Konsequenzen denkbar erscheint.

66. Regelt das GG die Zahl der Bundesminister?

Nein. Die genaue Zahl wird im GG nicht festgelegt. Allerdings werden einige Minister im GG genannt, die daher zwingend vorgesehen sind. Im Übrigen hat der Bundeskanzler darüber zu entscheiden (**Organisationsgewalt des Bundeskanzlers**).

Abzulehnen ist daher die Ansicht, wonach bei der Zusammenlegung oder Trennung bedeutender Ministerien eine wesentliche Angelegenheit vorliege, die dem Bundestag vorbehalten sei. Ein solcher Gewaltenmonismus ist dem GG fremd. Sofern der Bundestag mit der Einteilung nicht einverstanden ist, hat dieser allein die Möglichkeit des konstruktiven Misstrauensvotums. Allerdings muss sich der Kanzler natürlich an gewisse Vorgaben des GG halten und jedenfalls die Ministerien einrichten, die im GG vorgesehen sind.

67. Wie lang ist die Amtszeit des Bundeskanzlers?

Dies wird in Art. 69 II GG geregelt. Danach scheidet der Bundeskanzler (spätestens) mit dem Zusammentritt eines neuen Bundestages aus seinem Amte. Jeder Bundestag wählt also „seinen" Bundeskanzler. Dies folgt bereits aus dem Demokratieprinzip, das eine ununterbrochene Legitimationskette vom Volk zu den staatlichen Organen verlangt. Auch ein **freiwilliger Rücktritt** ist jederzeit möglich. Letztlich kommt noch ein **konstruktives Misstrauensvotum** des Bundestages gemäß Art. 67 GG in Betracht, wodurch der amtierende Bundeskanzler abgewählt wird. Auch die **Vertrauensfrage** des Art. 68 GG kann zu einem Ende der Amtszeit des Kanzlers führen, wenn dieser in der Vertrauensfrage unterliegt und der Bundespräsident danach auf sein Ersuchen hin den Bundestag auflöst.

68. Wann endet die Amtszeit eines Bundesministers?

Gemäß Art. 69 II GG ist dies zunächst mit Erledigung des Amtes des Bundeskanzlers der Fall, vgl. Frage 9, da es in diesen Fällen ansonsten an einer ununterbrochenen Legitimationskette zum Volk fehlen würde. Im Übrigen kann der Kanzler dem Bundespräsidenten jederzeit die Entlassung eines Ministers vorschlagen, Art. 64 I GG. Der Bundespräsident **muss** diesem Vorschlag entsprechen. Es wäre dem Kanzler nicht zumutbar für die Politik eines Ministers die Verantwortung tragen zu müssen, mit dem er erkennbar nicht zusammenarbeiten will.

69. Was versteht man unter der Regierung im formellen Sinn?

Hierunter versteht man die staatsleitende Tätigkeit oder die politische Führung auf höchster Ebene.

70. Welche Aufgaben und Kompetenzen kommen dem Bundeskanzler zu?

Grob lässt sich der Aufgabenbereich des Kanzlers umschreiben durch die Stichworte

Richtlinienkompetenz	Kabinettbildungskompetenz

Geschäftsleitungskompetenz

Von besonderer Bedeutung ist die sog. Richtlinienkompetenz. Gemäß Art. 65 S. 1 GG bestimmt der Kanzler die **Richtlinien der Politik** und gibt damit die Ziele der Politik und die Wege zu deren Verwirklichung an. Unter den Begriff der Richtlinie fallen dabei in der Regel nur generelle Weisungen und allgemeine Vorgaben. Ausnahmsweise können hierunter auch konkrete Einzelfälle fallen, wenn ihrer Klärung Grundsatzcharakter zukommt. Nur so lässt sich die in Art. 65 GG begründete Verantwortung des Bundeskanzlers für die gesamte Politik rechtfertigen. Adressat der Richtlinien sind ausschließlich die **Bundesminister** (zur Frage ob auch das Kabinett an die Richtlinien gebunden ist siehe Frage 72).

Wie bereits erläutert, hat der Bundeskanzler das Recht, die Zahl und die Aufgaben der einzelnen Bundesminister festzulegen (**Kabinettsbildungsrecht**). Er bestimmt somit die personelle Besetzung des Kabinetts. Letztlich leitet der Bundeskanzler als Vorsitzender die Sitzungen der Bundesregierung und bereitet diese vor. Ferner hat er die Aufgabe, die Arbeit der einzelnen Minister zu koordinieren (**Geschäftsleitungskompetenz**).

71. Welche Aufgaben und Kompetenzen haben die Bundesminister?

Die Bundesminister sind gemäß Art. 65 S. 2 GG an die **Weisungen** des Bundeskanzlers gebunden. Im Übrigen leiten sie ihr Ressort selbständig und unter eigener Verantwortung (**Ressortprinzip**). Dies gilt sowohl für die innere Organisation der Verwaltung, die Klärung von Sachfragen als auch für die Einstellung und Entlassung einzelner Beamter. In diesen Kernbereich des Ressorts darf der Kanzler nicht eingreifen (siehe hierzu auch *Reffken/Thiele*, Standardfälle Staatsrecht I, Fall 5).

72. Welche Aufgaben und Befugnisse kommen dem Regierungskabinett zu?

Die Fälle, in denen das Kabinett als Ganzes zu entscheiden hat, sind im GG sämtlich aufgezählt. Die wichtigsten dieser Zuständigkeiten sind:

- Zuständigkeiten in regierungsinternen Bereich, Art 65 S. 3, S. 4 GG
- Mitwirkung an der Gesetzgebung, Art.76, 77 II 4, 113 GG
- Erlass von Rechtsverordnungen, Art. 80 GG
- Zuständigkeiten im Verwaltungsbereich, Art. 84, 85, 87 b II 2 , 86, 108 II, VII GG
- Zuständigkeiten im Haushaltsbereich, Art. 110 III, 113, 114 GG
- Anrufung des BVerfG, Art. 93 I, 18, 21, 126 GG
- Weitere Genehmigungen und Zustimmungen, Art. 26 II, 32 III GG
- Anwendung des Bundeszwanges, Art. 37 GG
- Zuständigkeiten im Not- und Verteidigungsfall, Art. 35 III, 80 a III, 91 II, 115a ff. GG.

Umstritten ist, ob das Kabinett auch an die **Richtlinien** des Bundeskanzlers gebunden ist oder nicht. Die h.L. bejaht dies. Allerdings spricht schon der Wortlaut des Art. 65 GG gegen eine solche Auslegung, da hiernach nur die Bundesminister (und eben nicht die Bundesregierung) an die Richtlinien gebunden sind. Insgesamt bleibt fraglich, wie ein Vorrang der Richtlinienkompetenz auch praktisch umgesetzt werden sollte. Eine Bindung des Kabinetts an die Richtlinien ist daher abzulehnen.

▸ **Literatur**

📖 Beaucamp, **JA** 2001, 478 (Konflikte innerhalb der BR)
📖 Brinktrine, **Jura** 2000, 123 (Organisationskompetenz)
📖 Busse, **DÖV** 2003, 407 (Regierungsbildung)
📖 Kloepfer/Thull, **JuS** 1986, 394 (Bundesregierung)

VI.	Der Bundespräsident

73. Auf welche „Person" geht die Idee eines Staatsoberhauptes zurück?

Das Staatsoberhaupt als besonderes Verfassungsorgan geht auf den **Monarchen** zurück. Dessen Rechte wurden im Laufe der Zeit aber mehr und mehr eingeschränkt und schließlich im Kern auf Formalrechte reduziert.

74. Welche klassischen Aufgaben kommen dem Staatsoberhaupt zu?

Grundsätzlich kommen einem Staatsoberhaupt folgende Aufgaben zu, die jedoch von Staat zu Staat sehr unterschiedlich ausgeprägt sind:
- Repräsentation und Vertretung des Staates nach außen
- Integration im staatlichen und gesellschaftlichen Bereich
- Reservebefugnisse (etwa „Notgesetzgebung" oder Auflösung des Parlaments etc.)
- Gegengewicht gegenüber Parlament und Parteien.

75. Wie wird der Bundespräsident gewählt?

Dies geschieht gemäß Art. 54 GG durch die sog. **Bundesversammlung**. Diese besteht zur einen Hälfte aus allen Mitgliedern des Bundestages und zur anderen Hälfte aus Mitgliedern, die von den Landtagen nach den Grundsätzen der Verhältniswahl gewählt werden. **Weitere Aufgaben kommen der Bundesversammlung nicht zu.** In der Praxis werden zum Teil bedeutende Personen der Zeitgeschichte (Sportler/Wissenschaftler) von den einzelnen Landtagen gewählt.

Die bisherigen Bundespräsidenten waren: *Theodor Heuss* (1949-1959); *Heinrich Lübke* (1959-1969); *Gustav Heinemann* (1969-1974); *Walter Scheel* (1974-1979); *Carl Carstens* (1979-1984); *Richard von Weizsäcker* (1984-1994); *Roman Herzog* (1994-1999); *Johannes Rau* (1999-2004); *Horst Köhler* (2004-2010); *Christian Wulff* (2010-2012); *Joachim Gauck* (seit 2012).

76. Für welchen Zeitraum wird der Bundespräsident gewählt?

Dies regelt Art. 54 II GG. Danach beträgt die Amtszeit **fünf Jahre**. Eine **anschließende** Wiederwahl ist nur einmal zulässig. Es wäre also denkbar, dass ein ehemaliger Bundespräsident nach einer Pause von fünf Jahren eine dritte Amtszeit wahrnimmt.

77. Welche Aufgaben hat der Bundespräsident?

Das GG nennt einige der klassischen Aufgaben eines Staatsoberhauptes. Es sind:

- **Vertretung** der Bundesrepublik im völkerrechtlichen Verkehr, Art. 59 I GG.

    Hinweis: Dieser Art. begründet allerdings keine Kompetenz des Bundespräsidenten zur Außenpolitik, sondern entspricht den Regeln des Völkerrechts. Die Außenpolitik liegt grds. in der Hand der Bundesregierung.

- **Ernennung** der Inhaber der wichtigsten Staatsämter wie Bundeskanzler, Art. 63 GG, Bundesminister, Art. 64 I GG, Bundesrichter und Bundeswehroffiziere, Art. 60 I GG
- **Ausfertigung** der Gesetze, Art. 82 I GG
- **Begnadigung**, Art. 60 II
- **Repräsentation** und Integration im staatsinternen Bereich
- **Festsetzung von Staatssymbolen** und Verleihung von Orden
- **Gesetzlich festgelegte Befugnisse**, §§ 3, 16 BWahlG, § 4 III SoldG
- **Reservebefugnisse**, Art. 63 IV, 68, 81 GG.

Bei der **Gegenzeichnung** der Präsidialakte gemäß Art. 58 GG ist umstritten, ob nur Rechtsakte oder auch sonstige Amtshandlungen des Bundespräsidenten gegenzeichnungspflichtig sind. In Betracht kommen etwa Reden oder sonstige Repräsentationsakte. Der **Wortlaut** des Art. 58 GG spricht eher für die enge Auslegung, wonach nur Rechtsakte erfasst werden, denn nur diese können ja im juristischen Sinne „wirksam" sein. Für eine solche enge Interpretation spricht jedoch auch der Umstand, dass der Bundespräsident zur Wahrnehmung seiner innerstaatlichen Integrationsfunktion auch kritisch warnen und mahnen können muss.

Reden und ähnliche Akte sind daher nicht als Gegenzeichnungspflichtig anzusehen. Allerdings muss der Bundespräsident auch ohne Gegenzeichnungspflicht bei seinen Äußerungen den notwendigen Respekt und seine Überparteilichkeit wahren.

Zur sehr klausurrelevanten Frage, ob dem Bundespräsidenten ein Prüfungsrecht zusteht, vgl. Frage 118 sowie *Reffken/ Thiele*, Standardfälle Staatsrecht I, Fall 9.

▸ **Literatur**

📖 Burkiczak, **JuS** 2004, 278 (Bundespräsidentenwahl)
📖 Erdemir, **JA** 1996, 52 (Der Bundespräsident)
📖 Kunig, **Jura** 1994, 217 (Der Bundespräsident)
📖 Thiele, **JA** 2005, 871 (Gegenzeichnungspflicht)

VII. Der Bundesrat

78. Was stellt der Bundesrat dar?

Der Bundesrat stellt die Vertretung der einzelnen Länder dar. Er ist jedoch kein Landesorgan, sondern ein auf gleicher Stufe mit dem Bundestag stehendes **Bundesorgan**. Er wird auch als **föderatives Verfassungsorgan** bezeichnet.

Formal ist der Bundesrat jedoch keine zweite Kammer, da er anders als der Bundestag nur bestimmte Einspruchs- und Zustimmungsrechte hat.

79. Wie setzt sich der Bundesrat zusammen?

Der Bundesrat besteht gemäß Art. 51 GG aus **Mitgliedern der Regierungen der Länder**. Diese Mitglieder werden also nicht vom Volk direkt gewählt, sondern von der jeweiligen Landesregierung „bestellt". Somit führt jeder Regierungswechsel in einem Bundesland auch zu einem Wechsel der Vertreter dieses Landes im Bundesrat. Jedes Land hat je nach Größe zwischen drei und sechs Vertreter (Art. 51 II, III GG).

Drei Stimmen haben Bremen, Saarland, Hamburg und Mecklenburg-Vorpommern. Sechs Stimmen haben Nordrhein-Westfalen, Bayern, Baden-Württemberg und Niedersachsen, Hessen hat fünf Stimmen. Alle anderen Bundesländer haben vier Stimmen.

80. Wie erfolgt die Stimmenabgabe im Bundesrat?

Im Bundesrat gilt das Prinzip der **einheitlichen Stimmenabgabe**. Dies folgt aus Art. 51 III 2 GG. Danach kann jedes Land seine Stimmen also nur einheitlich abgeben. Dies setzt also voraus, dass sich die Mitglieder vorher über ihr Verhalten geeinigt haben.

In der Regel fällt die Entscheidung über die Stimmenabgabe im Bundesrat bei den jeweiligen Landesregierungen durch Mehrheitsbeschluss. Hierbei ist zu beachten, dass die Mitglieder des Bundesrates **weisungsgebunden** sind. Sie besitzen also kein freies Mandat.

Allerdings ist diese Weisung allein im Innenverhältnis relevant. Im Außenverhältnis (also bei der Abstimmung im Bundesrat selbst) kann der Landesvertreter wirksam auch gegen die Weisung abstimmen (er wird jedoch mit entsprechenden Konsequenzen auf Landesebene rechnen müssen). Beschlüsse bedürfen stets der Mehrheit der Mitgliederstimmen (Art. 52 III 1 GG). Umstritten ist die Frage, welche Rechtsfolge es hat, wenn die Stimmen dennoch uneinheitlich abgegeben werden. Dies geschah z.B. bei dem umstrittenen Zuwanderungsgesetz Anfang 2002: Der Ministerpräsident eines Landes votierte mit „Ja", der Innenminister mit „Nein". Im Dezember 2002 stellte das Bundesverfassungsgericht klar, dass das Grundgesetz eine einheitliche Stimmenabgabe erwarte. Sobald ein Bundesratsmitglied dem landesautonom bestimmten Stimmführer „seines" Bundeslandes widerspreche, entfiele dessen Stimmführerschaft. In einem solchen Falle fehle es an einer einheitlichen Stimmenabgabe, weshalb die entsprechenden Landesstimmen nicht gültig seien.

Da es im Bundesrat auf die Mehrheit der Stimmen der Mitglieder ankommt, wirkt eine solche Ungültigkeit im Ergebnis wie eine Nein-Stimme.

81. Welches sind die wesentlichen Unterschiede zwischen Bundesrat und Bundestag?

Stellt man zunächst auf die einzelnen Abgeordneten ab, so ergibt sich folgendes:

Bundestag	Bundesrat
Wahl durch das Volk	Bestellung durch die Landesregierung
Unmittelbare demokratische Legitimation	Durch den Landtag und die Landesregierung vermittelte Legitimation
Begrenzte Amtszeit von vier Jahren	Unbestimmte Amtszeit bis zur Abberufung oder bis zum Verlust des Ministeramts
freies Mandat	weisungsgebunden
Vertretung unzulässig	Vertretung zulässig

Darüber hinaus ist zu beachten, dass der Bundestag alle vier Jahre neu gewählt wird. Wichtig ist auch der Grundsatz der Diskontinuität; vgl. Frage 46. Der Bundesrat stellt dagegen ein sog. **kontinuierliches oder dauerhaftes Organ** dar. Es erfolgt durch die unterschiedlichen Wahltermine in den Ländern ein stetiger Wechsel der einzelnen Mitglieder. In der Konsequenz werden die Sitzungen des Bundesrats seit 1949 kontinuierlich gezählt.

82. Was ist das „Plenum" des Bundesrates?

Dies ist die Versammlung aller 16 Bundesländer mit insgesamt 69 Stimmen. Hier werden alle wichtigen Entscheidungen und Beschlüsse getroffen.

83. Was sind dagegen „Ausschüsse"?

In den derzeit 16 Ausschüssen des Bundesrates wird die Hauptarbeit geleistet. In jeden Ausschuss entsendet ein Land einen Vertreter mit gleichem Stimmengewicht. Hier werden die **Entscheidungen und Beschlüsse vorbereitet**. Der Ausschuss kann jedoch nicht selbst entscheiden, sondern muss dies dem Plenum überlassen. Die **Europakammer** als besonderer Ausschuss hat dagegen auch die Möglichkeit, anstelle des Plenums Beschlüsse und Entscheidungen zu treffen, die die gleiche Wirkung wie Bundesrats-Beschlüsse haben.

84. Nach welchem Verfahren wird im Bundesrat abgestimmt?

Gemäß Art. 52 III 1 GG fasst der Bundesrat seine Beschlüsse mit der **Mehrheit seiner Mitglieder**. Danach sind also gegenwärtig 35 Ja-Stimmen (von 69) notwendig, um einen Beschluss fassen zu können. Enthaltungen wirken somit praktisch wie Nein-Stimmen.

Sollte das Bundesratsmitglied, welches die Stimme abgibt, weisungswidrig handeln, so hat das auf Bundesratsebene *keine* Auswirkungen. Die Abstimmung bleibt wirksam. Der Betroffene wird jedoch sicherlich von seinem Land zur Rechenschaft gezogen werden (siehe auch Frage 80).

85. Welche Aufgaben hat der Bundesrat?

Der Bundesrat besitzt nach dem GG keinen spezifischen Aufgabenbereich, sondern nur Mitwirkungsrechte bei der Wahrnehmung von Aufgaben anderer Organe. Insbesondere ist dies:

- Mitwirkung im Bereich der Gesetzgebung, Art. 76 I, II, 77 GG
- Mitwirkung im Bereich der Exekutive, Art. 50, 80 II, 84 II, 85 II, 84 III, 87 III, 37 I GG
- Mitwirkung im Bereich der Judikative, Art. 94 I, 93 I Nr. 1, 21 II, 61 GG etc.
- Mitwirkung in Angelegenheiten der EU, Art. 23 GG.

Den größten Einfluss hat der Bundesrat dabei wohl bei den sog. **Zustimmungsgesetzen.** Anders als **Einspruchsgesetze** kommen diese nur dann zustande, wenn der Bundesrat zustimmt, vgl. dazu Fragen Nr. 105 ff.

86. Der Bundesrat wird nicht direkt gewählt. Verfügt er dennoch über die notwendige demokratische Legitimation?

Ja. Diese erhält er einerseits durch das GG selbst, andererseits besteht „eine ununterbrochene Legitimationskette vom Volk über die von diesem gewählte Vertretung zu den mit staatlichen Aufgaben betrauten Organen und Amtswaltern" (siehe Frage 9). Die Mitglieder sind alle von den Landesregierungen bestellt und zudem weisungsabhängig.

▸ **Literatur**

📖 Burkiczak, **JA** 2003, 463 (uneinheitliche Stimmenabgabe)
📖 Grimm/Hummrich, **DÖV** 2005, 280 (Bundesrat/Landtage)
📖 Hebeler, **JA** 2003, 522 (Stellung und Funktion des BR)
📖 Hobe, **JA** 1995, 406 (Bundestag und Bundesrat)
📖 Kramer, **JuS** 2003, 645 (uneinheitliche Stimmenabgabe)
📖 Palme, **Jura** 2003, 272 (Klausur)
📖 Ress, **JuS** 1998, 17 (EU-Beteiligung)

VIII. Die Gesetzgebung

87. Wo regelt das GG die Gesetzgebung?

Das GG regelt die Gesetzgebung in den

> Art. 70-75 GG (**Gesetzgebungskompetenzen**)

> Art. 76-79, 82 GG (**Gesetzgebungsverfahren**)

88. Welche zwei Gesetzesbegriffe sind grds. zu unterscheiden?

Es ist zwischen dem **formellen** und dem **materiellen** Gesetzesbegriff zu unterscheiden. **Formelle Gesetze** sind solche, die von den verfassungsrechtlich vorgesehenen Gesetzgebungsorganen (Bundestag, Landtag) in dem verfassungsrechtlich (GG oder jeweilige Landesverfassung) vorgeschriebenen Gesetzgebungsverfahren erlassen worden sind.

Gesetz im **materiellen** Sinn ist dagegen jede Rechtsnorm, die eine allgemeinverbindliche Außenrechtsregelung darstellt. Auch Rechtsverordnungen oder Satzungen sind somit Gesetze im materiellen Sinne. Regelmäßig ist jedes formelle Gesetz auch ein materielles Gesetz.
Lediglich die Haushaltsgesetze und reine Zustimmungsgesetze zu völkerrechtlichen Verträgen sind allein formelle Gesetze.

Die Unterscheidung ist auch für das **Verfassungsprozessrecht** wichtig. Im Rahmen der abstrakten Normenkontrolle können etwa alle materiellen und formellen Gesetze angegriffen werden. Demgegenüber erlaubt die konkrete Normenkontrolle nur eine Vorlage formeller Gesetze.

89. Wer ist im Verhältnis zwischen Bund und Ländern grds. für die Gesetzgebung zuständig?

Gemäß Art. 70 GG steht die Gesetzgebungszuständigkeit **grds. den Ländern** zu. Damit wird in Art. 70 die bereits in Art. 30 GG genannte Grundregel noch einmal speziell für die Gesetzgebung wiederholt und konkretisiert.

In dieser häufigen Wiederholung der grds. Kompetenzverteilung zeigen sich nochmals die Vorbehalte, die die Alliierten gegen einen neuen starken deutschen Zentralstaat hatten.

Ein Fall zur Gesetzgebungskompetenz auch bei *Reffken/Thiele,* Standardfälle Staatsrecht I, Fall 3.

90. Wann hat der Bund die Befugnis zur Gesetzgebung?

Nur dann, wenn er sich auf einen bestimmten Titel im GG berufen kann. Es muss sich also eine **Kompetenzzuweisung** an den Bund nachweisen lassen, die die entsprechende Gesetzesmaterie abdeckt.

In einer Klausur müssen Sie an dieser Stelle also das GG auf eine entsprechende Kompetenz durchsuchen. Sollten Sie keine finden, bedeutet dies, dass nicht der Bund, sondern die Länder zuständig sind (Ausnahme: ungeschriebene Bundeskompetenzen, siehe Frage 93).

91. Welche (geschriebenen) Bundesgesetzgebungskompetenzen lassen sich unterscheiden?

Unterscheiden lassen sich folgende Gesetzgebungskompetenzen:

ausschließliche, Art. 71, 73 GG, Art. 105 I GG

konkurrierende, Art. 72, 74, 74a, 105 II GG

Grundsatzgesetzgebungskompetenz

92. Was bedeuten die einzelnen Zuständigkeiten?

Gemäß der Legaldefinition des Art. 71 GG bedeutet **ausschließliche Gesetzgebungskompetenz**, dass darunter fallende Materien nur dem Bundesgesetzgeber vorbehalten sind. Die Länder dürfen in diesen Bereichen also grds. überhaupt nicht tätig werden, es sei denn, sie wurden ausdrücklich durch Bundesgesetz hierzu ermächtigt. Die meisten Bereiche, in denen der Bund ausschließlich zuständig ist, sind in Art. 73 katalogartig aufgeführt. Zu beachten ist jedoch, dass der Katalog des Art. 73 GG nicht abschließend ist. Daneben findet sich etwa auch in Art. 105 I GG eine ausschließliche Zuständigkeit des Bundes. Auch Materien, die laut GG durch ein "Bundesgesetz" näher zu bestimmen sind, fallen in die ausschließliche Bundeskompetenz (etwa Art. 21 III, 38 III GG).

Durch die Föderalismusreform ist der Katalog der ausschließlichen Kompetenzen um insgesamt sechs Materien erweitert worden, wovon fünf bisher der konkurrierenden oder der Rahmengesetzgebung zugeordnet waren. Hier ist es also zu einer gewissen Stärkung der Bundeskompetenzen gekommen. Eine gänzlich neue Kompetenz stellt Art. 73 I Nr. 9a GG dar. Danach hat der Bund nunmehr die ausschließliche Kompetenz für die Abwehr von Gefahren des internationalen Terrorismus.

Gemäß Art. 72 I GG haben die Länder im Bereich der **konkurrierenden Gesetzgebung** die Befugnis zur Gesetzgebung, **solange** und **soweit** der Bundesgesetzgeber von seiner Zuständigkeit nicht Gebrauch gemacht hat. Genaugenommen handelt es sich somit um einen Vorrang des Bundes bezüglich der Gesetzgebung in diesen Bereichen. Die Bereiche, in denen eine konkurrierende Kompetenz besteht, sind in Art. 74 GG katalogartig aufgeführt.

Durch die Föderalismusreform ist auch dieser Katalog erweitert und modifiziert worden.

Bis zur Föderalismusreform musste der Bund im Rahmen der konkurrierenden Kompetenz auch stets nachweisen, dass für eine Regelung eine Erforderlichkeit nach Art. 72 II

GG besteht. Das ist nunmehr nicht in allen Bereichen des Art. 74 GG der Fall. In Art. 72 II GG findet sich jetzt eine Aufzählung derjenigen Bereiche, in denen eine Bundeskompetenz zusätzlich an den Nachweis einer Erforderlichkeit gekoppelt ist. In einer Klausur ist auf Art. 72 II GG also auch nur in diesen Fällen einzugehen.

Sofern dies der Fall ist, darf der Bund nur tätig werden, wenn und soweit dies „**zur Herstellung gleichwertiger Lebensverhältnisse im Bundesgebiet oder zur Wahrung der Rechts- oder Wirtschaftseinheit im gesamtstaatlichen Interesse erforderlich**" ist. Die Regelung des Art. 72 II GG ist nach neuerer Rechtsprechung des BVerfG **äußerst restriktiv auszulegen** (BVerfGE 106, 62) und ist vom BVerfG voll überprüfbar; ein von verfassungsgerichtlicher Kontrolle freier gesetzgeberischer Beurteilungsspielraum besteht – anders als bei der Regelung bis zum Jahre 1994 – nicht.

Diese restriktive Rechtsprechung des BVerfG zu Art. 72 II GG war nicht zuletzt einer der Gründe für die Föderalismusreform überhaupt.

Inhaltlich gilt Folgendes: Eine Regelung ist
- zur Herstellung gleichwertiger Lebensverhältnisse erst dann erforderlich, wenn sich die Lebensverhältnisse in den Ländern in erheblicher, das bundesstaatliche Sozialgefüge beeinträchtigender Weise auseinander entwickelt haben;
- zur Wahrung der Rechtseinheit erforderlich, wenn eine Rechtszersplitterung droht, die im Interesse sowohl des Bundes als auch der Länder nicht hingenommen werden kann;
- zur Wahrung der Wirtschaftseinheit erforderlich, wenn Landesregelungen oder das Untätigbleiben der Länder erhebliche Nachteile für die Gesamtwirtschaft mit sich bringen können.

In einzelnen Bereichen besteht auch nach Erlass eines Bundesgesetztes eine **Abweichungskompetenz** der Länder (Art. 72 III GG). Auch diese Kompetenz ist durch die

Föderalismusreform eingeführt worden. Für diese Bereiche findet der Grundsatz „Bundesrecht bricht Landesrecht" folglich keine Anwendung. Vielmehr gilt hier auch für das Verhältnis von Bundes- zu Landesrecht die „**lex-posterior-Regel**". Das jeweils spätere Gesetz geht also dem früheren vor. Zu beachten ist hier auch die besondere Regelung für das Inkrafttreten der bundesrechtlichen Regelungen in Art. 72 III 2 GG.

Die bisherige **Rahmenkompetenz** nach Art. 75 GG ist durch die Föderalismusreform vollständig abgeschafft worden.

Die **Grundsatzgesetzgebung** taucht im GG nur sehr vereinzelt auf. Zu nennen sind insbesondere

-                Art. 109 III GG,
-                Art. 91a II GG,
-                Art. 140 GG iVm Art. 138 I WRV.

Die Grundsatzgesetzgebung deckt sich im Wesentlichen mit der Rahmengesetzgebung. Allerdings ist als wichtiger Unterschied zu beachten, dass die Grundsatzgesetze nicht nur den Landesgesetzgeber, sondern auch den Bundesgesetzgeber binden.

Zur Neuregelung der Kompetenzen durch die Föderalismusreform siehe *Thiele*, JA 2006, 621.

93. Welche *ungeschriebenen* Bundeskompetenzen müssen unterschieden werden?

Es sind folgende ungeschriebenen Bundeskompetenzen zu unterscheiden:

- **Bundeskompetenz kraft Sachzusammenhangs**
- **Annexkompetenz**
- **Bundeskompetenz kraft Natur der Sache**

94.   Was ist hierunter zu verstehen?

Eine **Bundeskompetenz kraft Sachzusammenhangs** liegt nach der Rechtsprechung des BVerfG vor, wenn eine dem Bund ausdrücklich zugewiesene Materie verständigerweise nicht geregelt werden kann, ohne dass zugleich eine nicht ausdrücklich zugewiesene andere Materie mitgeregelt wird, wenn also ein Übergreifen in nicht ausdrücklich zugewiesene Materien unerlässliche Voraussetzung ist für die Regelung einer der Bundesgesetzgebung zugewiesenen Materie.

> **Merksatz:** Die Regelung durch den Bund muss aus sachlichen Gründen unerlässlich sein.

Bei der **Annexkompetenz** bleibt der Bund zwar in seinem Zuständigkeitsbereich, er regelt dabei aber bestimmte Fragenkomplexe, die generell in den Bereich der Landeskompetenzen fallen. So kann der Bund etwa im Bereich des Gewerberechts einzelne Vorschriften mit gefahrenabwehrendem Charakter erlassen, obwohl dies eigentlich in die Kompetenz der Länder fällt. Auf die Annexkompetenz beruft sich der Bund meist bei Erlass von Vorschriften, die das *Verwaltungsverfahren* betreffen.

> **Merksatz:** Die Kompetenz des Bundes muss auch den Teil des Gesetzes betreffen, der dessen konkrete Durchführung regelt.

Eine **Kompetenz kraft Natur der Sache** liegt schließlich vor, wenn eine Angelegenheit schon aus sachlogischen Gründen nur vom Bund geregelt werden kann. Zu nennen wäre etwa die Festlegung der Bundeshauptstadt oder der Bundessymbole. Eine Kompetenz aus der Natur der Sache, darf vor allem in einer Klausur nicht vorschnell angenommen werden. Eine zu extensive Auslegung dieser Kompetenz würde die in Art. 70 GG geregelte Kompetenzverteilung unterlaufen.

Merksatz: Ureigene Bundesangelegenheiten und zwingend bundeseinheitliche Regelungen.

Tipp: Seien Sie generell bei der Annahme einer ungeschriebenen Kompetenz des Bundes vorsichtig. Es muss bei dem generellen Grundsatz bleiben, wonach sich der Bund auf eine ausdrückliche Kompetenz stützen muss, um eine Regelung erlassen zu können. Die ungeschriebenen Kompetenzen sind folglich als Ausnahmen eng auszulegen.

95. Welches sind wichtige Bereiche, die nach der Föderalismusreform in die Kompetenz der Länder fallen?

Zu nennen sind an dieser Stelle

- die Beamtenbesoldung
- das Heimrecht
- das Ladenschlussrecht
- das Gaststättenrecht
- die Spielhallen, Messen und Ausstellungen
- der landwirtschaftlicher Grundstücksverkehr
- das Versammlungsrecht
- der Strafvollzug.

Insbesondere im Bereich des Strafvollzugs erscheint es dabei fraglich, ob eine Länderkompetenz nicht zu einer schleichenden Aushöhlung der Gefangenenrechte führt, um so Geld einsparen zu können. Die Strafrechtswissenschaft hatte sich einhellig gegen eine solche Kompetenzübertragung ausgesprochen.

Weiterhin bestehende Länderkompetenzen sind

- das Schulrecht
- das allgemeine Polizeirecht
- das Rundfunkrecht
- das Bauordnungsrecht
- das Kommunalrecht.

96. Was versteht man unter „Gesetzesinitiative"?

Darunter versteht man die Einbringung eines Gesetzentwurfes in den Bundestag, der dann anschließend über diesen beraten und ihn eventuell auch verabschieden kann.

97. Wer hat das Recht zur Gesetzesinitiative?

Gemäß Art. 76 I GG steht dieses Recht nur der Bundesregierung, dem Bundesrat und dem Bundestag selbst zu.

98. Wer bringt in der Praxis die meisten Gesetzesentwürfe in den Bundestag ein?

Die **Bundesregierung**. Dies hat zunächst organisatorische Gründe: die Bundesregierung kann über die einzelnen Ministerien auf das notwendige Fachwissen und Personal zurückgreifen, welche es zur Formulierung eines Gesetzentwurfes bedarf. Zudem ist es eine wesentliche Aufgabe der Bundesregierung, durch neue Gesetze die politische Richtung zu bestimmen.

99. Wie läuft (grob) das Verfahren bei einer Gesetzesinitiative der Bundesregierung?

Die Gesetzesinitiative der Bundesregierung erfordert zunächst einen **Beschluss** des Kollegialorgans **Bundesregierung**. Im Anschluss daran wird dieser Entwurf gemäß Art. 76 II 1 GG zunächst dem **Bundesrat** zugeleitet. Dieser hat dann die Möglichkeit der Stellungnahme und leitet den Entwurf anschließend wieder an die Bundesregierung zurück. Nach einer weiteren Möglichkeit der Stellungnahme durch die Bundesregierung kommt der Gesetzentwurf letztlich in den **Bundestag**.

Hinweis: Aufgrund des Umwegs über den Bundesrat ist das Gesetzgebungsverfahren bei einer Initiative der Bundesregierung damit deutlich länger, als bei einer direkten Initiative des Bundestages. In der Praxis (und auch in Klausuren) ist es daher teilweise so, dass die Bundesregierung den Entwurf nicht selbst, sondern durch die Regierungsparteien im Bundestag einbringen lässt. Es stellt sich dabei die Frage, ob dies zulässig ist oder ob darin nicht eine Beschneidung der Rechte des Bundestages zu sehen ist. Teilweise wird dies tatsächlich so gesehen. Zu beachten ist indes zunächst, dass sich der Bundestag grds. jeden Gesetzentwurf zu eigen machen kann. Der wahre Urheber eines Entwurfes lässt sich im Übrigen generell nur sehr schwer ermitteln. Es sind stets Fachgremien und andere Interessengruppen beteiligt. Im Ergebnis überzeugt daher allein eine formelle Betrachtungsweise, die ein solches Verfahren grds. gestattet. Der Bundesrat wird nach der Verabschiedung im Bundestag ohnehin anschließend beteiligt.

100. Kommt ein Gesetzentwurf des Bundesrates direkt in den Bundestag?

Nein. Gemäß Art. 76 III 1 GG wird der Gesetzentwurf des Bundesrates dem Bundestag nicht direkt, sondern über die Bundesregierung zugeleitet. Diese "soll" dabei ihre Auffassung darlegen.

101. Wie können Mitglieder des Bundestags die Initiative ergreifen?

Nach Art. 76 I GG kann ein Gesetzentwurf aus "der Mitte des Bundestags" eingebracht werden. Was hierunter zu verstehen ist, sagt das GG jedoch nicht. Lediglich § 76 GeschO BT (Geschäftsordnung des Bundestages) konkretisiert dies und fordert, dass der Gesetzentwurf von einer Fraktion oder mindestens 5 % der Mitglieder des Bundestags unterzeichnet ist. Man wird dabei davon ausgehen können, dass dies eine Konkretisierung des Art. 76 GG darstellt. Eine Zwischenschaltung der Bundesregierung oder des Bundesrates ist nicht vorgesehen.

Fraglich ist, ob das Gesetz an einem formellen Mangel leidet, wenn ein Gesetz nur von einem Abgeordneten eingebracht wird, der Bundestag sich aber dennoch mit diesem befasst und auch beschließt. Da die Regelung des Art. 76 GG den Bundestag schützen soll, indem er dessen unnütze Beanspruchung verhindert (dieser soll sich nur dann mit den Entwürfen beschäftigen, wenn diese eine gewisse Aussicht auf Erfolg haben), kann der Bundestag auf diesen Schutz auch wirksam verzichten. Wird mithin ein solches Gesetz beschlossen, leidet es nicht an einem formellen Mangel.

102. Was geschieht nach der Einbringung des Gesetzentwurfes in den Bundestag?

Das GG beschränkt sich hierbei auf die sehr lapidare Feststellung, dass die Bundesgesetze durch den Bundestag beschlossen werden, Art. 77 I 1 GG. Das nähere Verfahren ist derzeit in der **Geschäftsordnung des Bundestags** geregelt. Danach finden **drei Lesungen** statt:

- In der **ersten** Lesung wird der Entwurf entweder nach einer allgemeinen Aussprache oder sofort an einen Ausschuss verwiesen.
- In der **zweiten** Lesung werden dann die einzelnen Bestimmungen des Entwurfs nacheinander beraten und beschlossen.
- Die **dritte** Lesung schließlich endet mit der eigentlichen Schlussabstimmung. Hier können Änderungsanträge nur noch von Abgeordneten in Fraktionsstärke gestellt werden.

Zu beachten ist, dass die Regelung über drei Lesungen verfassungsrechtlich nicht zwingend ist, in Art. 77 I GG ist lediglich verlangt, dass das Gesetz vom Bundestage beschlossen wird. Es genügt folglich aus verfassungsrechtlicher Sicht eine einzige Lesung. In einer Fallbearbeitung folgt daraus, dass ein auf diese Weise zustande gekommenes Gesetz nicht formell verfassungswidrig ist.

103. Welche Bundestagsmehrheit ist für einen Gesetzesbeschluss notwendig?

Gemäß Art. 77 I GG werden die Gesetze vom Bundestage beschlossen. Daraus folgt, dass grds. die **einfache Mehrheit** der abgegebenen Stimmen für einen Gesetzesbeschluss ausreicht (Voraussetzung ist jedoch die Beschlussfähigkeit des Bundestages). Teilweise verlangt das GG jedoch für bestimmte Gesetze qualifizierte Mehrheiten (etwa GG-Änderung, Art. 79 II GG).

104. Was geschieht nach der dritten Lesung und Schlussabstimmung im Bundestag?

Gemäß Art. 77 I 2 GG sind diese Bundesgesetze nach ihrer Annahme durch den Präsidenten unverzüglich dem Präsidenten des Bundesrates vorzulegen. Das Gesetzgebungsverfahren ist also noch nicht abgeschlossen.

105. Welche Formen der Mitwirkung des Bundesrates sind zu unterscheiden?

Das GG unterscheidet zwischen dem **Zustimmungserfordernis** und der **Einspruchsmöglichkeit** zu einem vom Bundestag beschlossenen Gesetz. Der Einspruch verhindert zunächst das Zustandekommen des Gesetzes; er kann aber vom Bundestage überwunden werden, indem er den Einspruch zurückweist.

Immerhin bedarf die Zurückweisung gemäß Art. 77 IV 1 GG einer absoluten Mehrheit oder sogar einer 2/3-Mehrheit der Mitglieder des Bundestages (vgl. Art. 121 GG), wenn der Bundesrat den Einspruch mit 2/3 seiner Mitglieder beschlossen hat, Art. 77 IV 2 GG. Insbesondere im Rahmen einer Fallbearbeitung darf aber nicht übersehen werden, dass die Einlegung eines Einspruchs erst möglich ist, nachdem das Vermittlungsverfahren abgeschlossen wurde, vgl. Art. 77 III 1 GG.

Im Falle eines **Zustimmungsgesetzes** kann das Gesetz jedoch nur dann zustande kommen, wenn der Bundesrat seine **ausdrückliche Zustimmung** erteilt hat. Ohne diese ist das Gesetzesvorhaben also endgültig gescheitert.

Interessant ist die Frage, welche Auswirkungen es hat, wenn der Bundesrat die Zustimmung verweigert, es sich allerdings lediglich um ein Einspruchsgesetz handelt. Fraglich ist dann, ob der Bundespräsident (ohne einen weiteren Beschluss des Bundestages abzuwarten) das Gesetz ausfertigen und verkünden kann. Voraussetzung dafür wäre, dass das Gesetz formell ordnungsgemäß zustande gekommen ist. Hier könnte man daran denken, dass eine versagte Zustimmung auch in einen Einspruch umgedeutet werden kann. Angesichts des sehr formellen Gesetzgebungsverfahrens ist die Zulässigkeit einer solchen Umdeutung allerdings äußerst fraglich. Davon abgesehen ist aber die Regelung des Art. 77 III 1

GG zu beachten. Danach ist ein Einspruch erst zulässig, wenn zuvor der Vermittlungsausschuss eingeschaltet wurde. Da es jedenfalls daran fehlt und die Frist für die Einberufung eines VA regelmäßig schon abgelaufen sein wird, ist das Gesetz im Ergebnis – auch bei einer Umdeutung – formell ordnungsgemäß zustande gekommen. In der Praxis wird der Bundesrat daher in einem Zweifelsfall sowohl die Zustimmung verweigern als auch den VA anrufen.

106. Wie lässt sich ein Einspruchs- von einem Zustimmungsgesetz abgrenzen?

Nach der Konzeption des GG ist das Einspruchsgesetz die Regel. Nur dann, wenn die Zustimmung **ausdrücklich vom GG gefordert** wird, ist diese auch notwendig. Es ist also in jedem Fall eine besondere Vorschrift im GG nachzuweisen, die die Zustimmungsbedürftigkeit begründet.

107. Wo finden sich Regelungen, die die Zustimmungsbedürftigkeit des Bundesrates begründen?

Solche Vorschriften sind über das ganze GG verteilt. Es findet sich insofern kein bestimmter "Zustimmungskatalog". Zu nennen sind z.B.:

- Art. **84 I,** 85 I, 87 III 2, 87c GG,
- Art. **104 IV**, 106 III, 107, 109 III GG,
- Art. 81 III, 115a ff. GG,
- Art. 16a II, III, 29 VII, 74 II GG.

Durch die Föderalismusreform ist es zu einer Änderung des Art. 84 I GG sowie zur Einführung des Art. 104 IV GG gekommen. Diese sind für die Klausurbearbeitung von besonderem Interesse. Näheres zum Inhalt dieser neuen Bestimmungen bei *Thiele*, JA 2006, 621.

108. Sind neue zustimmungsbedürftige Gesetze insgesamt zustimmungsbedürftig?

Sowohl die **herrschende Lehre** (hL) als auch das **BVerfG** bejahen diese Frage. Sie gehen also davon aus, **dass das**

ganze Gesetz zustimmungsbedürftig ist, auch wenn nur eine einzige Vorschrift (z.B. § 10 des Entwurfs) die Zustimmungsbedürftigkeit begründet. Der Bundesrat wäre nach dieser Ansicht also auch dann in der Lage, seine Zustimmung zu verweigern, wenn er eine Regelung (z.B. § 1 des Entwurfs) missbilligt, die eigentlich für sich genommen nicht zustimmungsbedürftig wäre.

Nach **anderer Ansicht** bezieht sich die Zustimmungspflicht allein auf die zustimmungsbegründende Norm. Diese Ansicht erscheint angesichts der Tatsache, dass die Möglichkeit besteht, den Gesetzentwurf auch getrennt (in zustimmungs- und nichtzustimmungspflichtige Teile) dem Bundesrat vorzulegen, vorzugswürdig.

109. Wie ist die Lage bei Änderungsgesetzen?

Fraglich ist, ob jede Änderung eines Zustimmungsgesetzes eine erneute Zustimmung des Bundesrates notwendig macht. Das BVerfG hat dies bislang verneint. Es bejaht eine Zustimmungspflicht nur in diesen drei Fällen:

- Das neue Gesetz ist für sich genommen zustimmungsbedürftig,
- das neue Gesetz ändert Regelungen, die ursprünglich die Zustimmungsbedürftigkeit des (alten) Gesetzes hervorgerufen haben oder
- das Änderungsgesetz gibt dem alten Gesetz einen völlig neuen Charakter, so dass eine erneute Zustimmung erforderlich erscheint.

110. Wo finden sich Regelungen über den Vermittlungsausschuss (VA)?

Regelungen zum Vermittlungsausschuss finden sich in den Art. 77 II-IV GG und der Geschäftsordnung für den Vermittlungsausschuss (GeschOVermA).

111. Wie setzt sich der Vermittlungsausschuss zusammen?

Der Vermittlungsausschuss besteht aus je 16 Mitgliedern des Bundestages und des Bundesrates. Alle Mitglieder sind **weisungsfrei, Art. 77 II 3 GG** (für die Mitglieder des Bundestages folgt dies bereits aus deren freiem Mandat).

112. Was ist die Aufgabe des Vermittlungsausschusses ?

Aufgabe des Vermittlungsausschusses ist es, bei Meinungsverschiedenheiten zwischen dem Bundestag und dem Bundesrat einen Einigungsvorschlag zu erarbeiten und vorzulegen. Dieser Kompromissvorschlag des VA (falls es überhaupt zu einem solchen kommt) ist jedoch nicht verbindlich.

Hinweis: Beachten Sie, dass sich der Einigungsvorschlag am ursprünglichen Gesetzentwurf orientieren muss. Möglich sind also keine völlig veränderten Regelungen, die mit dem eigentlichen Gesetzentwurf nichts mehr zu tun haben. Die Unzulässigkeit eines solchen Neuentwurfs folgt aus der Überlegung, dass ein solcher letztlich eine neue Gesetzesinitiative darstellt. Das Recht zu einer solchen Initiative haben aber allein die Bundesregierung, der Bundesrat oder der Bundestag selbst. Der VA hat kein solches Recht. Sofern es zu einem völlig anderen Vorschlag kommt, muss daher das Gesetzgebungsverfahren wieder von neuem beginnen.

113. Wie kommt es zur Einberufung des VA?

Gemäß Art. 77 II 1 GG hat der Bundesrat die Möglichkeit, bei Einspruchsgesetzen den VA einzuberufen. Gemäß Art. 77 III 2 GG ist dies vor der Einlegung eines Einspruchs sogar **zwingende Voraussetzung**. Bei Zustimmungsgesetzen können gemäß Art. 77 II 4 GG auch der Bundestag oder die Bundesregierung den VA einberufen.

114. Wie verläuft das Gesetzgebungsverfahren nach einer Einberufung des VA?

Hier sind **zwei Konstellationen** zu unterscheiden. Sofern der VA den Entwurf bestätigt oder das Verfahren ohne einen eigenen Vorschlag beendet, kann der Bundesrat innerhalb von zwei Wochen Einspruch einlegen. Schlägt der VA hingegen eine (zulässige, vgl. Frage 112) Änderung des Entwurfs vor, so muss der Bundestag darüber erneut beschließen. Anschließend erfolgt eine weitere Behandlung im Bundesrat, wobei der Bundesrat innerhalb zweier Wochen Einspruch einlegen kann. Sofern kein Einspruch erfolgt, kommt das Gesetz zustande.

115. Wann kommt das Gesetz zu Stande?

Bei Einspruchsgesetzen ist dies der Fall, wenn der Bundesrat keinen Einspruch erhebt, einen Einspruch zurücknimmt oder der Bundestag den Einspruch zurückweist. Bei Zustimmungsgesetzen ist dies der Fall, wenn der Bundesrat zustimmt.

> **Ein vom Bundestage beschlossenes Gesetz kommt zu Stande, wenn der Bundesrat zustimmt, den Antrag gemäß Artikel 77 II nicht stellt, innerhalb der Frist des Artikels 77 III keinen Einspruch einlegt oder ihn zurücknimmt oder wenn der Einspruch vom Bundestage überstimmt wird, Art. 78 GG.**

116. Was versteht man unter „Ausfertigung" des Gesetzes?

Hierunter ist die Herstellung der Urschrift des Gesetzes zu verstehen. Sie erfolgt durch die Unterschrift des Bundespräsidenten. Dies regelt Art. 82 I GG.

117. Was bedeutet der Begriff "Gegenzeichnung" in Art. 82 I GG?

Die Gegenzeichnung (vgl. Art. 58 GG) meint die Unterschrift des Bundeskanzlers oder des zuständigen Bundesministers unter das Gesetz. Sie liegt zeitlich, wie Art. 82 I GG klarstellt, vor der Ausfertigung durch den Bundespräsidenten. Für die Praxis regelt § 29 I GeschO BReg, dass sowohl der Bundesminister als auch der Bundeskanzler zu unterzeichnen haben. Mit der Gegenzeichnung übernimmt der Unterzeichnende die **politische Verantwortung** für das entsprechende Gesetz (vgl. Thiele, JA 2005, 871).

118. Darf der Bundespräsident das Bundesgesetz bei der Ausfertigung auf seine Verfassungsmäßigkeit überprüfen?

Diese sehr klausurrelevante Frage ist in der Literatur überaus umstritten. Zu unterscheiden sind hierbei zunächst die *formelle* sowie die *materielle* Prüfungskompetenz:

- Die **formelle Prüfungskompetenz** betrifft die Frage, ob das Gesetz unter der Beachtung der Vorschriften über das *Gesetzgebungsverfahren* und der *Gesetzgebungskompetenzen* zu Stande gekommen ist.

- Die **materielle Prüfungskompetenz** betrifft dagegen die Frage, ob das Gesetz *inhaltlich* mit der Verfassung, insbesondere mit den Grundrechten und den Verfassungsprinzipien, vereinbar ist.

Die *formelle* Prüfungskompetenz des Bundespräsidenten ist grds. anerkannt. Gefolgert wird dies aus dem Wortlaut des Art. 82 I GG, der von den „nach den Vorschriften dieses GG zustandegekommenen Gesetzen" spricht. Nach dem GG zustandegekommen sind die Gesetze jedenfalls dann, wenn die formellen Voraussetzungen erfüllt sind. Daher muss der Präsident diese Voraussetzung vor einer Unterzeichnung überprüfen.

Fraglich und umstritten ist jedoch, ob diese Formulierung auch die **materiellen Voraussetzungen** eines Gesetzes umfasst. Kann bzw. muss der Bundespräsident das Gesetz auch auf dessen materielle Verfassungsmäßigkeit untersuchen, bevor er es unterzeichnen kann? Da diese Frage nicht eindeutig geregelt ist, verlangt ihre Beantwortung (auch in einer Klausur) eine umfassende Verfassungsauslegung. Anhand der relevanten Norm und der Konzeption des GG müssen also Argumente für und wider ein Prüfungsrecht gesammelt und ausgewertet werden:

- Teilweise wird der *Amtseid* des Bundespräsidenten nach **Art. 56 GG** *für* ein Prüfungsrecht des Bundespräsidenten angeführt. Darin verpflichte sich der Bundespräsident, „das Grundgesetz zu wahren". Es könne daher nicht von ihm erwartet werden, dass er verfassungswidrige Gesetze ausfertige. Die Gegenansicht erwidert darauf jedoch, dass Art. 56 GG nichts über den Umfang seiner Pflichten aussage. Die Argumentation aus dem Amtseid beruhe auf einem Zirkelschluss.

- Teilweise wird auf das *Normenkontrollrecht* des Bundesverfassungsgerichts (BVerfG) verwiesen. Dieses mache eine materielle Prüfungskompetenz überflüssig oder schließe sie sogar aus. Dagegen wird jedoch eingewandt, dass sich das Verwerfungsmonopol des BVerfG auf den Bereich der Gerichtsbarkeit beschränkt. Eine Prüfung des Bundespräsidenten auf die Vereinbarkeit des Gesetzes mit dem GG könne daher ohne Bedenken schon *vor* der gerichtlichen Prüfung stattfinden.

- Genannt wird von Vertretern beider Seiten auch die *Bindung des Bundespräsidenten an Gesetz und Recht* nach **Art. 20 III GG**. Der Bundespräsident dürfe eben nur solche Gesetze ausfertigen, die verfassungsgemäß seien. Hiergegen wird eingewandt, dass der Bundespräsident jedoch nur im Rahmen seiner verfassungsrechtlichen Kompetenzen handeln dürfe. Die *materielle* Prüfungskompetenz gehöre aber gerade nicht dazu.

Auch die Auslegung führt also zu keinem eindeutigen Ergebnis. Insgesamt wird man aber sagen können, dass es dem Bundespräsidenten als einem Verfassungsorgan nicht zuzumuten ist, „sehenden Auges" ein Gesetz auszufertigen, welches er persönlich für verfassungswidrig hält.

Es geht auch grds. nicht an, dass ein Verfassungsorgan eine Maßnahme trifft, ohne vorher die verfassungsrechtlichen Voraussetzungen zu prüfen. Angesichts dieser – letztlich im **Rechtsstaatsprinzip wurzelnden Überlegungen** – kann der Bundespräsident ein Gesetz daher auch auf seine materielle Verfassungsmäßigkeit überprüfen. Von der überwiegenden Ansicht wird dieses Recht jedoch auf **offensichtliche Verstöße** beschränkt. Da der BP kein Gerichtsorgan sei, könne er allein solche *evidenten* Verstöße rügen, während er sich im Übrigen aus dem politischen Prozess herauszuhalten habe.

Diese Ansicht ist indes äußerst fraglich. Problematisch ist vor allem, dass materielle Kriterien fehlen, die einen Verfassungsverstoß zu einem „offensichtlichen" bzw. „evidenten" machen. Es erscheint daher zweckmäßiger, das Prüfungsrecht nicht weiter einzuschränken. Das BVerfG hat sich bis heute zu dieser Frage nicht äußern müssen, obwohl alle Bundespräsidenten grds. auch von einem materiellen Prüfungsrecht ausgegangen sind.

Bzgl. des *Luftsicherheitsgesetzes* hat BP *Köhler* zwar verfassungsrechtliche Bedenken geäußert, das Gesetz aber dennoch letztlich unterzeichnet. Ähnlich war auch BP *Rau* beim Zuwanderungsgesetz verfahren, bei dem fraglich war, ob die Abstimmung im Bundesrat verfassungsgemäß verlaufen war. Allerdings handelte es sich hier um eine *formelle* Frage, die *Rau* an sich hätte entscheiden müssen. Siehe dazu auch die Stellungnahme von BP *Rau* in DVBl. 2004, 1. Beim *Gesetz zur Privatisierung der Deutschen Flugsicherung (DFS)* verweigerte BP *Köhler* Ende Oktober 2006 die Ausfertigung, da er dieses für verfassungswidrig hielt.

Fallbearbeitung zu diesem Problem bei *Reffken/Thiele*, Standardfälle Staatsrecht I, Fall 9.

119. Woraus ergibt sich, wann ein Gesetz in Kraft tritt?

Es obliegt dem Gesetzgeber, **im Gesetz zu bestimmen**, wann es in Kraft treten soll, Art. 82 II 1 GG. Der Zeitpunkt des Inkrafttretens ist also Teil des Gesetzesinhalts.

120. Was geschieht, wenn das Gesetz keinen Termin für das Inkrafttreten nennt?

Nach Art. 82 II 1 soll der Gesetzgeber den Termin des Inkrafttretens bestimmen. Fehlt eine solche Regelung, greift **subsidiär Art. 82 II 2 GG** ein, wonach das Gesetz mit dem vierzehnten Tage nach seiner Verkündung in Kraft tritt.

121. Kann ein Gesetz rückwirkend in Kraft treten?

Diese Frage der Rückwirkung ist aus *rechtsstaatlichen* Gründen (**Vertrauensschutz**) problematisch. Grds. muss sich der Bürger auf eine bestehende Rechtslage verlassen also vertrauen können, um so seine weiteren Schritte planen zu können. Dennoch kann es erforderlich sein, auch Regelungen zu treffen, die teilweise Rückwirkung entfalten. Zu unterscheiden ist nach dem 1. Senat des BVerfG zwischen der **echten und der unechten Rückwirkung**:

- **Echte Rückwirkung** liegt vor, wenn ein Gesetz nachträglich ändernd in abgewickelte, der Vergangenheit angehörende Sachverhalte eingreift. Aus Gründen des *Vertrauensschutzes* ist davon auszugehen, dass eine echte Rückwirkung grds. *unzulässig* ist. Ausnahmen vom Verbot der echten Rückwirkung müssen durch besondere und schwerwiegende Gründe gerechtfertigt sein.

- **Unechte Rückwirkung** liegt dagegen vor, wenn das Gesetz nur auf gegenwärtige, noch nicht abgeschlossene Sachverhalte und Rechtsbeziehungen für die Zukunft einwirkt. Eine unechte Rückwirkung ist grds. *zulässig*.

Die grundsätzliche Zulässigkeit der unechten Rückwirkung ergibt sich daraus, dass der einzelne Bürger sich spätestens ab dem Zeitpunkt des Beschlusses im Bundestag nicht darauf verlassen kann, dass das bisherige Recht auch in Zukunft erhalten bleibt.

Der 2. Senat des BVerfG verwendet andere Begriffe. Er unterscheidet zwischen der sog. *Rückbewirkung von Rechtsfolgen* und der *tatbestandlichen Rückanknüpfung:*

- Eine **Rückbewirkung von Rechtsfolgen** liegt vor, wenn die Rechtsfolgen für einen Zeitraum, der vor ihrer Verkündung liegt, eintreten sollen. Dies ist grundsätzlich unzulässig.

- Eine **tatbestandliche Rückanknüpfung** ist gegeben, wenn eine zukünftig eintretende Rechtsfolge von vergangenen Begebenheiten abhängig gemacht wird. Dies ist grundsätzlich zulässig.

Die *echte Rückwirkung* bzw. *Rückbewirkung von Rechtsfolgen* ist nur in Ausnahmefällen zulässig, nämlich dann, wenn der Bürger sich nicht auf ein schutzwürdiges Vertrauen berufen kann:

- Mit der getroffenen Regelung war zu rechnen.
- Die bisherige Rechtslage war „unklar und verworren".
- Eine sich nachträglich als nichtig erweisende Norm wird durch eine rechtlich unanfechtbare Norm ersetzt.
- Es liegt ein Bagatellfall vor.

Die unechte Rückwirkung bzw. tatbestandliche Rückanknüpfung, die ja grds. zulässig ist, ist ausnahmsweise unzulässig, wenn das Vertrauen des Bürgers auf den Fortbestand der Regelung das Wohl der Allgemeinheit überwiegt (= Abwägung).

Beispiel: Der Bund erlässt im August 2014 ein Gesetz, das die Einkommensteuer pauschal um 3 % erhöht. Das Gesetz tritt zum 01.01.2013 rückwirkend in Kraft. Bürger B, der für 2013 und für die Monate Januar bis August 2014 Nachzahlungen befürchtet, klagt dagegen im September 2014. Ist das Gesetz materiell verfassungsgemäß?

Lösung: Das Gesetz ist nicht verfassungsgemäß, wenn ein Verstoß gegen das Rechtsstaatsprinzip vorliegt. Das Rechtsstaatsprinzip ist verletzt, wenn gegen das Rückwirkungsverbot verstoßen wurde. Für das **Jahr 2013** liegt eine echte Rückwirkung vor, da das Steuerjahr 2013 zum 31.12.13 endete und somit in einen abgeschlossenen Sachverhalt eingegriffen wurde. Besonders schwerwiegende Gründe, die die Rückwirkung ausnahmsweise rechtfertigen könnten, sind nicht ersichtlich. Diese echte Rückwirkung ist damit unzulässig.

Das **Steuerjahr 2014** endete erst zum 31.12.2014, so dass zum Zeitpunkt des Gesetzerlasses im August 2014 ein noch nicht abgeschlossener Sachverhalt und damit eine unechte Rückwirkung vorlag. Diese ist grds. zulässig. Demnach ist das Gesetz nur hinsichtlich der Regelung für das Jahr 2013 verfassungswidrig.

Echte Rückwirkung bzw. Rückbewirkung von Rechtsfolgen	Unechte Rückwirkung bzw. tatbestandliche Rückanknüpfung
-> Grds. unzulässig	-> Grds. zulässig
Ausnahmsweise zulässig:	**Ausnahmsweise unzulässig:**
1. Mit Veränderung war zu rechnen 2. Alte Rechtslage „unklar und verworren" 3. Nichtige Norm wird ersetzt 4. Bagatellfall 5. Allgemeinwohlgründe	Das Vertrauen des Bürgers ist schutzwürdig - > es muss abgewogen werden, ob das Vertrauen des Einzelnen auf den Fortbestand der bisherigen Regelung gegenüber dem Wohl der Allgemeinheit ausnahmsweise überwiegt

Sofern es um die Rückwirkung eines *Strafgesetzes* geht, ist die Spezialregel des **Art. 103 II GG** (§ 1 StGB) zu beachten. Danach kann eine Tat kann nur bestraft werden, wenn die Strafbarkeit gesetzlich bestimmt war, *bevor* die Tat begangen wurde. Eine Rückwirkung ist in diesem Bereich damit in jedem Falle ausgeschlossen.

122. Was regelt Art. 81 GG?

Art. 81 GG regelt den sog. **Gesetzgebungsnotstand**. Verweigert der Bundestag dem Bundeskanzler bei einer Frage nach Art. 68 GG das Vertrauen, hat dieser die Möglichkeit, als Minderheitenkanzler weiterzuregieren. Es kann für den Bundeskanzler schwierig werden, wenn er ein dringliches Gesetz verabschieden will, die Bundestagsmehrheit dieses jedoch durch Blockade nicht zustande kommen lässt.

In solchen Konstellationen hat der Bundeskanzler die Möglichkeit, das Gesetz in einem aufwändigen Verfahren auch ohne den Bundestag durchzubringen. Dazu muss der Bundespräsident den Gesetzgebungsnotstand erklären. Unter den Voraussetzungen des Art. 81 GG "gilt das Gesetz als zustande gekommen" (Art. 81 II 1 GG). Bislang kam es in der Geschichte der Bundesrepublik noch nicht zu einem solchen Fall.

123. Wie sieht die Gesetzgebung im Verteidigungsfall aus?

Der Verteidigungsfall muss gemäß Art. 115a GG vom Bundestag oder dem Gemeinsamen Ausschuss positiv festgestellt werden. Liegt er vor, hat der Bund gemäß Art. 115c **erweiterte Gesetzgebungskompetenzen**. Ferner wird auch das Verfahren abgekürzt (Art. 115d GG). Ist der Bundestag nicht (mehr) handlungsfähig, dann hat der Gemeinsame Ausschuss (Art. 53a GG) die Stellung und Rechte des Bundestages und Bundesrates, Art. 115e GG. Dies umfasst vor allem auch das Recht zur Gesetzgebung.

▸ **Literatur**

📖 Elicker, **JA** 2005, 513 (Gesetzgebungsverfahren)
📖 Frotscher, **Jura** 1991, 316 (Einspr.-/Zustimmungsgesetz)
📖 Grupp, **JA** 1998, 671 (Gesetzgebungszuständigkeit)
📖 Hartmann/Kamm, **Jura** 2014, 283 (Gesetzgebung)
📖 Huber/Fröhlich, **DÖV** 2005, 322 (Kompetenz des VA)
📖 Nolte/Tams, **Jura** 2000, 158 (Gesetzgebungsverfahren)
📖 Pechstein/Weber, **Jura** 2003, 82 (Kompetenzen)
📖 Peglau, **JA** 1996, 574 (Rückwirkungsverbot)
📖 Rau, **DVBl**. 2004, 1 (Prüfungsrecht)
📖 Sachs, **JuS** 2005, 365 (Zusammensetzung VA)
📖 Thiele, **JA** 2005, 871 (Gegenzeichnungspflicht)
📖 Thiele, **JA** 2006, 621 (Neuordnung der Kompetenzen)

IX. Die Exekutive

124. Welche Bereiche erfasst der Begriff der „Exekutive"?

Der Begriff der Exekutive umfasst grds. zwei Bereiche, nämlich sowohl die **Regierung** als auch die **Verwaltung**.

Hinweis: Für die Regierung wird auch teilweise von *Gubernative* gesprochen.

125. Was versteht man (kurz) unter der „Bundesregierung"?

Die Bundesregierung ist ein Organ der **politischen Staatsleitung**. Einzelne Tätigkeitsbereiche sind z.B. die

- Richtlinienkompetenz (Art. 65 GG),
- Außenpolitik (Art. 59 II GG),
- Führung der Bundeswehr (Art. 65a GG),
- Gesetzesinitiative (Art. 76 I GG),
- Bundeszwang (Art. 37 GG).

126. Welche Aufgabe hat dagegen die „Verwaltung"?

Die Verwaltung als zweiter Teil der Exekutive soll vor allem die *Gesetze vollziehen*.

127. Welche Vorschriften des GG beinhalten die Verwaltungskompetenzen? Wer ist grds. für die Ausführung der Bundesgesetze zuständig?

Die Verwaltungskompetenzen sind in den Art. 83 ff. GG geregelt. Art. 83 GG enthält dabei eine **Zuständigkeitsvermutung zugunsten der Länder**. Die Bundesländer vollziehen die Bundesgesetze danach grundsätzlich als eigene Angelegenheit. Auch hier wird damit die Grundregel des Art. 30 GG bereichsspezifisch (für die Verwaltung) konkretisiert.

Die Länder führen die Bundesgesetze als eigene Angelegenheit aus, soweit dieses Grundgesetz nichts anderes bestimmt oder zulässt, Art. 83 GG.

---

128. Welche Verwaltungstypen lassen sich unterscheiden?

Ausführung als eigene Angelegenheit, Art. 83, 84

Bundesauftragsverwaltung, Art. 85 I GG, z.B.
- Bundesfernstrassen, Art. 90 II
- Kernenergie, Art. 87 c
- Finanzhilfen, Art. 104 a III 2
- Steuern, Art 108 III

Bundeseigene Verwaltung, Art. 86 GG, z.B.
- Verwaltung des Luftverkehrs, Art 87 d I 1
- Wasserstrassen, Art. 89 II
- Bundesfinanzverwaltung, Art. 87 I 1
- Bundeswehr, Art 87 b I 1

129. Der zuständige Bundesminister hält einen geplanten Verwaltungsakt des Landes N für nicht zweckmäßig. Es handelt sich um einen Bereich des Vollzugs der Bundesgesetze durch die Länder als eigene Angelegenheit. Kann der Bundesminister das Land anweisen, den VA nicht zu erlassen?

Nein. Bei der Ausführung als eigene Angelegenheit beschränkt sich die Aufsicht des Bundes gemäß Art. 84 III GG darauf, dass die Länder die Bundesgesetze dem geltenden Recht gemäß vollziehen (**Rechtsaufsicht**). Dies unterscheidet die Ausführung als eigene Angelegenheit von der Ausführung im Auftrag des Bundes nach Art 85. Es handelt sich somit nur um eine Kontrolle der Rechtmäßigkeit, nicht dagegen der Zweckmäßigkeit. Selbstverständlich kann der Bundesminister dem Land sein "Missfallen" jedoch unverbindlich mitteilen.

Die Bundesregierung übt die Aufsicht darüber aus, dass die Länder die Bundesgesetze *dem geltenden Rechte gemäß* ausführen, Art. 84 III 1.

---

130. Wie wäre es im Bereich der Auftragsverwaltung?

Hier wäre eine solche Weisung tatsächlich möglich. Zwar ist auch die Auftragsverwaltung Länderverwaltung, allerdings hat der Bund hier weitergehende Aufsichtsrechte. Insbesondere beschränkt sich das Weisungsrecht nicht nur auf die Rechtskontrolle, sondern gemäß Art. 85 IV GG **auch auf die Zweckmäßigkeitskontrolle**. Die Weisung des Bundesministers wäre somit für das Land N verbindlich.

Die Bundesaufsicht erstreckt sich auf die Gesetzmäßigkeit und *Zweckmäßigkeit* der Ausführung, Art. 85 IV 1 GG.

Fall zur Weisungsbefugnis im Bereich der Auftragsverwaltung bei *Reffken/Thiele*, Standardfälle Staatsrecht I, Fall 8.

131. Welche zwei grundsätzlichen Vollzugsmöglichkeiten bestehen für den Vollzug durch den Bund?

Hier ist zwischen der **bundeseigenen Verwaltung** und der **bundesunmittelbaren Verwaltung** durch Körperschaften oder Anstalten des öffentlichen Rechts zu unterscheiden. Bundes*eigene* Verwaltung meint die Verwaltungsbehörden und die sonstigen, rechtlich unselbständigen Verwaltungseinrichtungen des Bundes (**unmittelbare Bundesverwaltung**). Bundesunmittelbare Verwaltung dagegen meint die vom Bund errichteten und ihm zugeordneten rechtsfähigen Körperschaften und Anstalten des öffentlichen Rechts (**mittelbare Bundesverwaltung**). Der Unterschied besteht somit in der Rechtsfähigkeit der Verwaltungseinrichtungen.

▸ **Literatur**

📖 Janz, **Jura** 2004, 227 (Weisungsbefugnis)
📖 Jochum, **DÖV** 2003, 16 (Auftragsverwaltung)
📖 Koch, **Jura** 2000, 179 (Verwaltungsvorschriften)
📖 Leidiger/Zimmer, **DVBl.** 2004, 1005 (Auftragsverwaltung)
📖 Schnapp, **Jura** 1980, 68, 293 (Organisationsrecht)
📖 Sommermann, **DVBl.** 2001, 1549 (Auftragsverwaltung)
📖 Siehe auch die Vertiefung zu Fall 8 bei *Reffken/Thiele*, Standardfälle Staatsrecht I

X. Die Rechtsprechung

132. Wo enthält das GG Regelungen über die Rechtsprechung?

Das GG enthält Regelungen zur Rechtsprechung in

- Art. 93, 94, 99, 100 GG, Verfassungsgerichtsbarkeit
- Art. 95, 96 GG, sonstige Gerichtsbarkeit des Bundes
- Art. 97, 98 GG, Rechtsstellung der Richter
- Art. 103, 104 GG, wesentliche Verfahrensgrundsätze

133. Wie lässt sich der Begriff der „Rechtsprechung" kurz definieren?

Rechtsprechung ist die verbindliche Entscheidung von Rechtsstreitigkeiten durch eine unabhängige, allein an Gesetz und Recht gebundene staatliche Instanz.

134. Was versteht man unter der „Unabhängigkeit der Richter"?

Zu unterscheiden ist hierbei die **personelle** (Art. 97 II GG) und die **sachliche** (Art. 97 I GG) Unabhängigkeit. Sachliche Unabhängigkeit bedeutet, dass die Richter nur dem Gesetz, nicht aber irgendwelchen Weisungen unterworfen sind.

Die personelle Unabhängigkeit besteht insofern, als die hauptamtlich und planmäßig endgültig angestellten Richter wider ihren Willen nur kraft richterlicher Entscheidung und nur aus Gründen und unter den Formen, welche die Gesetze bestimmen, vor Ablauf ihrer Amtszeit entlassen oder dauernd oder zeitweise ihres Amtes enthoben oder an eine andere Stelle oder in den Ruhestand versetzt werden können.

135. Welche Bundesgerichte gibt es nach dem Grundgesetz?

Nach dem GG gibt es

- das Bundesverfassungsgericht. Art. 93, 94,
- oberste Bundesgerichte für best. Bereiche, Art. 95 I,
- weitere Gerichte für bestimmte Bereiche, Art. 96.

136. Wie sieht der Gerichtsaufbau in den Ländern aus?

Es ist zwischen den einzelnen Gerichtsbarkeiten zu unterscheiden. Danach gilt folgendes

- **Ordentliche Gerichtsbarkeit:**
  Amtsgericht/LandG, Oberlandesgericht, Bundesgerichtshof

- **Verwaltungsgerichtsbarkeit:**
  Verwaltungsgericht
  Oberverwaltungsgericht,
  Bundesverwaltungsgericht
- **Finanzgerichtsbarkeit:** FinanzG,
  Bundesfinanzhof
- **Sozialgerichtsbarkeit:** Sozialgericht,
  Landessozialgericht, Bundessozialgericht
- **Arbeitsgerichtsbarkeit:** Arbeitsgericht,
  Landesarbeitsgericht, Bundesarbeitsgericht.

137. Was regelt Art. 103 I GG?

Art. 103 I GG regelt das sogenannte *rechtliche Gehör*. Dieser Grundsatz verlangt, dass die Verfahrenbeteiligten Gelegenheit erhalten, sich zu allen verfahrensrelevanten Fragen in tatsächlicher und rechtlicher Hinsicht zu äußern.

138. Was bedeutet das Prinzip des gesetzlichen Richters?

Dieses Prinzip findet sich in Art. 101 I 2 GG. Es verlangt, dass schon **vor Beginn des Prozesses** feststehen muss, welches Gericht und welcher Richter für den konkreten Fall zuständig ist. Diese vorherige Feststellung erfolgt in drei Stufen, nämlich

- durch ein Gesetz, das festlegt, welches Gericht zuständig ist
- durch einen Geschäftsverteilungsplan und
- durch einen von allen Richtern des jeweiligen Spruchkörpers beschlossenen Mitwirkungsplan.

Ein Verstoß gegen diese Bestimmung wird jedoch nur dann angenommen, wenn der gesetzliche Richter offenkundig und damit willkürlich entzogen wurde.

Auch der Europäische Gerichtshof ist gesetzlicher Richter in diesem Sinne. Insbesondere ein Verstoß gegen die Vorlagepflicht aus Art. 267 AEU kann demnach einen Verstoß gegen diese Regelung darstellen.

139. Worin liegt der Unterschied zwischen dem Großen Senat und dem Gemeinsamen Senat?

Der **große Senat** ist als Einrichtung eines obersten Bundesgerichts zuständig für die Entscheidung über Differenzen in der Rechtsprechung verschiedener Senate dieses Gerichts. Dagegen entscheidet der **Gemeinsame Senat** der obersten Gerichtshöfe des Bundes (Art. 95 III GG) über Differenzen zwischen verschiedenen Gerichtshöfen bei der Auslegung von Bundesrecht.

140. Was unterscheidet das BVerfG von den anderen Gerichten des Bundes?

Das BVerfG ist anders als die anderen obersten Bundesgerichte ein **Verfassungsorgan**. Es steht somit auf einer Stufe neben den übrigen Verfassungsorganen des Bundes, wie etwa dem Bundestag oder Bundesrat. Dies ergibt sich nunmehr auch aus dem § 1 BVerfGG.

141. Wie setzt sich das BVerfG zusammen?

Das BVerfG besteht zunächst aus **zwei Senaten mit je acht Richtern** (§ 2 BVerfGG). Das **Plenum** besteht aus allen Richtern des BVerfG. Will ein Senat in einer Rechtsfrage von der in einer Entscheidung des anderen Senats enthaltenen Rechtsauffassung abweichen, so entscheidet darüber das Plenum des Bundesverfassungsgerichts, § 16 BVerfGG. Die persönlichen Voraussetzungen der Richter ergeben sich aus § 3 BVerfGG.

Alle Richter haben im Übrigen bis zu drei wissenschaftliche Mitarbeiter, die sie bei ihrer Tätigkeit unterstützen. Diese Mitarbeiter bezeichnen sich selbst (durchaus selbstbewusst) als den „dritten Senat".

142. Wie werden die Verfassungsrichter gewählt?

Die Bundesverfassungsrichter werden gemäß Art. 94 I 2 GG je zur Hälfte vom Bundestag und Bundesrat gewählt. Genaue Regelungen hierzu finden sich in § 5 BVerfGG.

Der Bundestag hat die Wahl der Verfassungsrichter dabei auf den Bundeswahlausschuss delegiert, der die Richter mit 2/3-Mehrheit wählt. In einer umstrittenen Entscheidung hat das Bundesverfassungsgericht diese Delegation nunmehr als verfassungsgemäß eingeordnet, vgl. BVerfG, Beschluss vom 19.6.2012, 2 BvC 2/10.

143. Wann ist das BVerfG zuständig?

Die Zuständigkeit des BVerfG bestimmt nach dem sog. **Enumerationsprinzip**. Regelungen hierzu finden sich insbesondere in Art. 93 GG, aber auch in Art. 18, 21 II 2, 41 II, 61, 98 II, V, 100, 126 GG.

144. Welche Verfahrensarten vor dem BVerfG sind besonders praxis- und damit klausurrelevant?

Dies sind insbesondere:

Das Organstreitverfahren, Art. 93 I Nr. 1 GG
Der Bund-Länder-Streit, Art. 93 I Nr. 3 GG
Die abstrakte Normenkontrolle, Art. 93 I Nr. 2 GG
Die konkrete Normenkontrolle, Art. 100 I GG
Die Verfassungsbeschwerde, Art. 93 I Nr. 4a GG.

XI. Prüfschemata: Die Zulässigkeit

ABSTRAKTE NK, ART. 93 I NR. 2 GG, §§ 13 NR. 6, 76 FF. BVERFGG

A. Zulässigkeit

I. Antragsteller

Nur Bundesregierung, Landesregierung oder ein Viertel der Mitglieder des Bundestages.

II. Antragsgegenstand

Sämtliches Bundes- oder Landesrecht. Das Recht muss grds. bereits verkündet sein. **Ausnahme:** Zustimmungsgesetze zu völkerrechtlichen Verträgen. Auch verfassungsändernde Gesetze können Antragsgegenstand sein, dann ist jedoch der besondere Prüfungsmaßstab zu beachten.

III. Antragsgrund

Zweifel oder Meinungsverschiedenheiten bzgl. der Vereinbarkeit der Norm mit höherrangigem Recht. Die Regelung des § 76 BVerfGG tritt im Konfliktfall hinter die verfassungsrechtliche Regelung zurück.

IV. Form/Frist

Die Form richtet sich nach § 23 I BVerfGG: schriftlich und mit Begründung. Eine Frist besteht nicht.

B. Begründetheit

Die abstrakte Normenkontrolle ist begründet, wenn die Norm tatsächlich gegen höherrangiges Recht verstößt. Prüfungsmaßstab sind bei verfassungsändernden Gesetzen allein die Grundsätze der Art. 1 **und** 20 GG, bei Bundesgesetzen das gesamte Grundgesetz. Für Landesrecht ist neben dem GG auch das sonstige Bundesrecht jeden Ranges Prüfungsmaßstab (vgl. Art. 31 GG).

A. Zulässigkeit

    I. Parteifähigkeit

        Sowohl Antragsteller als auch Antragsgegner müssen parteifähig sein. Dies sind die obersten Bundesorgane (Bundestag, Bundespräsident, Bundesregierung), dessen Organteile (Fraktionen und Ausschüsse) sowie andere Beteiligte (Abgeordnete, Parteien).

    II. Antragsgegenstand

        Jede rechtserhebliche Maßnahme oder Unterlassung des Antragsgegners, § 64 I BVerfGG.

    III. Antragsgrund

        Antragsteller muss geltend machen können, durch den Antragsgegenstand in seinen grundgesetzlichen Rechten und Pflichten verletzt oder unmittelbar gefährdet worden zu sein. In Betracht kommt bei Organteilen (etwa bei Fraktionen, nicht jedoch bei einzelnen Abgeordneten) auch die Geltendmachung der Rechte des gesamten Organs (Prozessstandschaft).

    IV. Form/Frist

        Die Form richtet sich nach § 23 und § 64 II BVerfGG. Die Frist beträgt sechs Monate nach Bekanntwerden der Maßnahme oder Unterlassung, § 64 III BVerfGG

B. Begründetheit

    Das Organstreitverfahren ist begründet, wenn die Maßnahme oder Unterlassung gegen das GG verstößt und den Antragsteller daher in seinen grundgesetzlichen Rechten und Pflichten verletzt. Es ergeht ein Feststellungsurteil.

A. **Zulässigkeit**

   I. **Beteiligtenfähigkeit**

      Bund und Länder, jeweils vertreten durch ihre Regierungen.

   II. **Antragsgegenstand**

      Meinungsverschiedenheiten über Rechte und Pflichten des Bundes und der Länder, die aus einer rechtserheblichen Maßnahme oder Unterlassung des Antragsgegners folgen.

   III. **Antragsbefugnis**

      Antragsteller muss geltend machen können, durch die Maßnahme oder Unterlassung in seinen ihm durch das GG übertragenen Rechten und Pflichten verletzt oder unmittelbar gefährdet zu sein. Es muss sich um Rechte und Pflichten aus dem Bundesstaatsverhältnis handeln.

   IV. **Form und Frist**

      Die Form richtet sich nach § 23 I BVerfGG und §§ 69 iVm 64 II BVerfGG (schriftlich mit Begründung). Es besteht eine Frist von 6 Monaten (§§ 69 iVm 64 III BVerfGG).

B. **Begründetheit**

Der Antrag ist begründet, wenn die beanstandete Maßnahme oder Unterlassung tatsächlich gegen das Grundgesetz verstößt und der Antragsteller dadurch in seinen Rechten und Pflichten aus dem Bundesstaatsverhältnis verletzt wird.

A. Zulässigkeit

I. Vorlageberechtigung

Nur Gerichte, also jede staatliche Spruchstelle, die sachlich unabhängig, in einem formellen Gesetz mit den Aufgaben eines Gerichts betraut und als Gericht bezeichnet ist.

II. Vorlagegegenstand

Nur formelle nachkonstitutionelle Gesetze.

III. Überzeugung von der Verfassungswidrigkeit

Das vorlegende Gericht muss von der Verfassungswidrigkeit des vorzulegenden Gesetzes überzeugt sein. Bloße Zweifel genügen nicht. Im Fall des Art. 100 I S. 2 Alt. 2 GG muss es von der Unvereinbarkeit mit einem Bundesgesetz überzeugt sein.

IV. Entscheidungserheblichkeit

Die Frage der Gültigkeit des Gesetzes muss entscheidungserheblich sein. Dies ist der Fall, wenn das Gericht bei Ungültigkeit des Gesetzes anders tenorieren müsste.

V. Form/Frist

Die Form richtet sich nach § 23 und § 80 II S. 1 BVerfGG. Eine Frist besteht nicht.

B. Begründetheit

Die konkrete Normenkontrolle ist begründet, wenn der Vorlagegegenstand tatsächlich gegen das Grundgesetz verstößt (in den Fällen des Art. 100 I S. 1 Alt. 2 und S. 2 Alt. 1 GG), bzw. wenn das vorgelegte Landesgesetz gegen Bundesrecht verstößt (Art. 100 I S. 2 Alt. 2).

A.   **Zulässigkeit**

   I.   **Beschwerdeberechtigung**

„Jedermann" = jede natürliche Person.

Juristische Personen gemäß Art 19 III GG.

   II.   **Beschwerdegegenstand**

Jeder Akt der öffentlichen Gewalt, § 90 I
BVerfGG = alle drei Gewalten (Art. 1 III GG).

   III.   **Beschwerdebefugnis**

Der Beschwerdeführer muss geltend machen
können, möglicherweise *selbst, gegenwärtig
und unmittelbar* in Grundrechten verletzt zu
sein.

   IV.   **Rechtswegeerschöpfung/Subsidiarität**

Grds. ist der Rechtsweg auszuschöpfen, § 90 II
BVerfGG. Auch sonst muss der Beschwerdeführer alle sonstigen Möglichkeiten nutzen, um
fachgerichtlichen Rechtsschutz zu erlangen.

   V.   **Form und Frist**

Die Form richtet sich nach den §§ 23, 92
BVerfGG, die Frist (ein Monat oder ein Jahr)
ergibt sich aus § 93 BVerfGG.

B.   **Begründetheit**

Die VB ist begründet, wenn der Beschwerdegegenstand tatsächlich Grundrechte des Beschwerdeführers
verletzt. Zu beachten ist vor allem im Bereich der Ur-
teils-VB der Prüfungsmaßstab („spezifisches Verfassungsrecht").

▸ Literatur

📖 Ehlers, **Jura** 2003, 315 (Grundfälle Organstreit)
📖 Grupp, **JA** 1998, 671 (abstrakte Normenkontrolle - Klausur)
📖 Ipsen/Epping, **Jura** 1994, 605 (Organstreit - Klausur)
📖 Kunig, **Jura** 1995, 262 (Bund-Länder-Streit - Grundlagen)
📖 Lüdemann, **JA** 1996, 959 (963) (Organstreit - Klausur)
📖 Maurer, **JuS** 1987, Lernbogen L 89 (Normenkontrolle - Grundlagen)
📖 Robbers, **JuS** 1994, 1031 (Einstweilige Anordnung)
📖 Robbers, **JuS** 1994, 129 (Organstreit)
📖 Robbers, **JuS** 1994, 397 (Normenkontrolle - Grundlagen)
📖 Robbers, **JuS** 1994, 670 (Föderale Streitigkeiten)
📖 Robbers, **JuS** 1994, 854 (Sonstige Streitigkeiten)
📖 Wallrabenstein, **JA** 1998, 863 (869) (Organstreit - Klausur)

Zur Verfassungsbeschwerde:

📖 Bartone, **Jura** 1997, 322 (Klausur)
📖 Betzinger, **JA** 2009, 125 (Klausur)
📖 Braun, **Jura** 2003, 344 (Anfänger-Klausur)
📖 Erichsen, **Jura** 1991, 585; 638; **Jura** 1992, 142 (Grundlagen)
📖 Erichsen/Frenz, **Jura** 1995, 542 (Klausur)
📖 Greve, **Jura** 2009, 619 (Klausur)
📖 Jeand' Heur/Jorczyk, **Jura** 1999, 538 (Hausarbeit)
📖 Jochum, **JuS** 2003, 371 (Klausur)
📖 Kelm, **Jura** 1997, 598 (Klausur)
📖 Kern/Friedel, **JA** 1998, 306 (Klausur)
📖 Kremer, **Jura** 2004, 135 (Klausur)
📖 Lorz, **JA** 1996, 676 (Klausur)
📖 Mielke, **Jura** 2008, 548 (Anfänger-Klausur)
📖 Prehn, **JA** 2010, 438 (Examens-Klausur)
📖 Reuter, **Jura** 2009, 221 (Klausur)
📖 Robbers, **JuS** 1993, 737, 1022 (Grundlagen)
📖 Staufer, **Jura** 2009, 549 (Klausur)
📖 Zuck, **JuS** 1988, 371 (Grundlagenwissen)

XII. Der Schutz des Grundgesetzes

145. Auf welche Weise kann das GG geändert werden?

Das Grundgesetz kann nur durch ein Gesetz geändert werden, das den Wortlaut des Grundgesetzes ausdrücklich ändert oder ergänzt, Art. 79 I 1 GG. Die Änderung erfolgt mithin durch ein **Bundesgesetz**. Damit ist eine konkludente Änderung ausgeschlossen. Zudem kann auch ein einfaches Gesetz, welches gegen Regelungen der Verfassung verstößt nicht einfach in eine Verfassungsänderung umgedeutet werden, da es an einer ausdrücklichen Wortlautänderung mangelt.

146. Welche Voraussetzungen knüpft das GG an eine Verfassungsänderung?

Zunächst einmal verlangt **Art. 79 I 1 GG**, dass der Text des GG ausdrücklich geändert wird. Weiterhin ist eine qualifizierte Mehrheit sowohl im Bundestag als auch im Bundesrat erforderlich (**Art. 79 II GG**). Letztlich nennt **Art. 79 III GG** noch einige **inhaltliche Schranken**, die bei einer Grundgesetzänderung nicht durchbrochen werden dürfen.

Diese Schranken sind einmal die Menschenwürdegarantie des Art. 1 I GG, sowie die in Art. 20 GG aufgestellten Verfassungsprinzipien, vgl. Frage 6. Entsprechender Fall bei *Reffken/Thiele*, Standardfälle Staatsrecht I, Fall 1. Zu beachten ist der Wortlaut des Art. 79 III GG: Es sind allein die **Grundsätze** des Art. 1 **und** 20 GG unveränderlich!

147. Was versteht das BVerfG unter der „freiheitlichen demokratischen Grundordnung"?

Nach der durch das BVerfG bestimmten Definition lässt sich die freiheitliche demokratische Grundordnung als eine Ordnung bestimmen, die „unter Ausschluss jeglicher Gewalt- und Willkürherrschaft eine **rechtsstaatliche Herrschafts-**

ordnung auf der Grundlage der Selbstbestimmung des Volkes nach dem Willen der jeweiligen Mehrheit und der Freiheit und Gleichheit" darstellt.

148. An welche Voraussetzungen ist ein *Parteiverbot* geknüpft?

Während ein verfassungsfeindlicher *Verein* unter bestimmten Voraussetzungen vom Bundes- oder Landes*innenminister* verboten werden kann, ist für ein *Parteiverbot* gemäß Art. 21 II 2 GG, § 46 III BVerfGG **ausschließlich das Bundesverfassungsgericht** zuständig (**sog. Parteienprivileg**). Das BVerfG prüft, ob die jeweilige Partei nach ihren Zielen oder dem Verhalten der Anhänger anstrebt, die **freiheitliche demokratische Grundordnung zu beeinträchtigen oder zu beseitigen** oder den Bestand der Bundesrepublik Deutschland zu gefährden, vgl. auch Frage 32.

Eine solche Beeinträchtigung oder Beseitigung der freiheitlichen demokratischen Grundordnung bedeutet die Abschaffung wesentlicher Strukturprinzipien des GG wie die Achtung vor den Menschenrechten, die Volkssouveränität, die Verantwortlichkeit der Regierung, die Gesetzmäßigkeit der Verwaltung und die Unabhängigkeit der Gerichte, das Mehrparteienprinzip und die Chancengleichheit aller politischen Parteien sowie das Recht zur Bildung und Ausübung einer Opposition. Der Begriff der Gefährdung des Bestands der Bundesrepublik bezieht sich auf die territoriale Unversehrtheit und politische Unabhängigkeit (also das Verhältnis nach außen). Die zu verbietende Partei muss diese Ziele in **aktiv-kämpferischer Weise** verfolgen.

Wichtigste Folge eines Parteiverbots ist die Auflösung der Partei und das Verbot, eine entsprechende Ersatzorganisation zu schaffen.

149. Welche materiell-rechtlichen Voraussetzungen sind an ein *Vereinsverbot* gemäß Art. 9 II GG, § 3 I VereinsG geknüpft?

Materiell-rechtlich setzt ein Vereinsverbot voraus, dass eine Vereinigung aktiv ist, deren Zwecke oder deren Tätigkeit den Strafgesetzen zuwiderläuft oder die sich gegen die verfassungsmäßige Ordnung oder gegen den Gedanken der Völkerverständigung richtet. Mit **Strafgesetzen** sind dabei nur solche allgemeinen Gesetze gemeint, die eine Tätigkeit unabhängig davon, ob sie vereinsmäßig oder nicht vorgenommen werden, verbieten.

Die **verfassungsmäßige Ordnung** meint wie in Art. 21 II GG die freiheitliche demokratische Grundordnung (BVerfGE 47, 330). Gegen die **Völkerverständigung** ist ein Verein gerichtet, wenn er durch Art. 26 I GG verbotene Tätigkeiten verfolgt, also insbesondere das Territorium der Bundesrepublik vergrößern will.

150. Was regelt Art. 18 GG?

Dieser Artikel regelt die sogenannte **Grundrechtsverwirkung.** Wer die Freiheit der Meinungsäußerung, insbesondere die Pressefreiheit (Artikel 5 I), die Lehrfreiheit (Artikel 5 III), die Versammlungsfreiheit (Artikel 8), die Vereinigungsfreiheit (Artikel 9), das Brief-, Post- und Fernmeldegeheimnis (Artikel 10), das Eigentum (Artikel 14) oder das Asylrecht (Artikel 16a) zum Kampfe gegen die **freiheitliche demokratische Grundordnung** missbraucht, verwirkt diese Grundrechte. Der Begriff der freiheitlichen demokratischen Grundordnung ist wie bei Art. 21 II GG zu verstehen. Die Verwirkung muss vom BVerfG auf Antrag positiv festgestellt werden, Art. 18 S. 2 GG. Damit ist Art. 18 GG Ausdruck der „**streitbaren Demokratie**", die auf Selbstverteidigung angelegt ist (BVerfGE 28, 36).

Berechtigt, einen entsprechenden Verwirkungsantrag zu stellen, sind der Bundestag, die Bundesregierung und die Landesregierungen (vgl. § 36 BVerfGG). Sofern der Verwirkungsantrag begründet ist, hat dies zur Folge, dass sich der Betroffene nicht mehr auf das verwirkte Grundrecht berufen kann. Es können allerdings allein die in Art. 18 GG genannten Grundrechte verwirkt werden (es bleibt mithin in jedem Fall die allgemeine Handlungsfreiheit des Art. 2 I GG bestehen). Auch nach einer solchen Entscheidung greift zudem weiterhin der Vorbehalt des Gesetzes; der Betroffene ist mithin nunmehr nicht der Willkür der Behörden ausgesetzt. Auch Art. 1 I GG bleibt in jedem Falle unangetastet.

▸ **Literatur**
📖 Erichsen, **Jura** 1992, 52 (Grundlagen zu Art. 79 GG)
📖 Kunig, **Jura** 1995, 384 (Parteiverbot)
📖 Stern, **JuS** 1985, 329 (Art. 79 III GG)

XIII. Zwischenprüfungsklausur

Im Folgenden ist eine Klausur abgedruckt, die in einer ähnlichen Form bereits als Zwischenprüfungsklausur gestellt wurde. Sie besteht aus einem Fragen- und einem Falllösungsteil. Die Fragen sollten Sie nach einer gründlichen Lektüre dieses Skripts bereits lösen können. Das Lösen eines Falles hingegen setzt voraus, dass Sie die Fallbearbeitungstechnik beherrschen. Um sich diese anzueignen, müssen Sie möglichst viele Beispielsfälle lösen. Speziell für den Anfänger konzipierte Fälle aus dem Bereich des Staatsorganisationsrechts finden Sie in *Reffken/Thiele*, Standardfälle Staatsrecht I.

1. Teil: Allgemeine Fragen

1. Wie lassen sich die Begriffe Staatenbund, Bundesstaat und Einheitsstaat voneinander abgrenzen?
2. Erläutern Sie den Grundsatz der „Bundestreue".
3. Im Bundestag macht sich allgemeine Lustlosigkeit breit. Er beschließt daher seine Auflösung, um so Neuwahlen zu ermöglichen. Ist dies zulässig?
4. Welche drei Prinzipien beinhaltet Art. 65 GG? Was bedeuten sie?
5. Erläutern Sie die Unterschiede zwischen Einspruchs- und Zustimmungsgesetzen.

2. Teil: Fallbearbeitung

Nach der Bundestagswahl kommt es zu einer Koalition der UPS- und ABC-Partei. Mit den Stimmen dieser Koalition wird der Abgeordnete B zum Bundeskanzler gewählt und anschließend gemäß Art. 63 II 2 GG auch vom Bundespräsidenten ernannt. Bei der Kabinettsbildung kommt es jedoch zu Problemen. B schlägt dem Bundespräsidenten vor (vgl. Art. 64 I GG), den Abgeordneten V zum Verteidigungsminister zu ernennen.

Der Bundespräsident will dieser Bitte indes nicht nachkommen. Er hält V für völlig ungeeignet für dieses Amt, insbesondere da V selbst keinen Militärdienst geleistet habe. Überhaupt sei V zwar Deutscher aber seine überaus pazifistische Haltung sei für das Amt des Verteidigungsministers ganz unangebracht. Er verweigere daher zum Wohle der Bundeswehr die Ernennung des V. B ist entrüstet. Schließlich sei er der gewählte Bundeskanzler und es sei allein seine Sache, die Minister auszuwählen. Der Bundespräsident könne einen Ministervorschlag daher keinesfalls ablehnen. B will die Angelegenheit durch das BVerfG klären lassen.

Kann sich B mit Erfolg an das BVerfG wenden?

Lösungsvorschlag Zwischenprüfungsklausur

Es handelt sich hier um einen skizzenartigen Lösungs-
vorschlag. Vor allem die Fragen können natürlich auch
etwas anders beantwortet werden, ohne dass dies sogleich
negativ zu bewerten wäre. Viel kürzer dürfte die Bearbeitung
allerdings für eine volle Punktzahl nicht ausfallen. Zur generellen Technik der Fallbearbeitung siehe *Reffken/Thiele*,
Standardfälle Staatsrecht I.

Teil 1: Fragen

Frage 1: Bundesstaat: Dies ist ein Staat, der sich aus
mehreren Gliedstaaten zusammensetzt, die Staatsange-
hörigen der verschiedenen Staaten bilden ein Gesamtvolk.[1]
Diese Bürger stehen innerstaatlich einer **doppelten Staatsgewalt** gegenüber, während der Gesamtstaat nach außen
regelmäßig als Einheit auftritt.[2]
Den einzelnen Ländern wird eine eigene, nicht vom Bund
abgeleitete Staatsqualität mit daraus folgender **Ver-
fassungsautonomie** zuerkannt.[3] Doch stehen Bund und
Land nicht selbständig nebeneinander. Vielmehr ist der
Bund im Rahmen seiner Kompetenzen den **Ländern über-
geordnet** (Art. 31, 28 GG) und besitzt zudem die sog.
Kompetenz-Kompetenz. Er hat also die Möglichkeit, selbständig seinen Kompetenzbereich gegenüber den Ländern
zu erweitern (Art. 79 GG). Die Verteilung dieser staatlichen
Kompetenzen bildet denn auch eines der Hauptprobleme in
einem Bundesstaat.

Beispiele: Norddeutscher Bund 1866; Deutsches Reich von 1871; Weimar; Bundesrepublik.

Im Bundesstaat werden also der Zentralstaat und die Gliedstaaten unterschieden (zweigliedriger Bundesstaatsbegriff).

---

[1]   *Sodan/Ziekow*, Grundkurs Öffentliches Recht, § 8 Rn 1.
[2]   *Maurer*, Staatsrecht I, § 10 Rn 1.
[3]   *Jarass/Pieroth*, Art. 20 GG Rn 17.

Früher wurde teilweise die Theorie des dreigliedrigen Bundesstaats vertreten, die zwischen dem Zentralstaat, den Gliedstaaten und einem umfassenden Gesamtstaat differenzierte.

Einheitsstaat: Es gibt nur **eine Staatsgewalt** und damit auch nur eine staatliche Organisation. Diese kann allerdings durchaus auf nachgeordnete Behörden und Verwaltungseinheiten übertragen werden.[4] Im Gegensatz zum Bundesstaat üben diese nachgeordneten Hoheitsträger aber keine originäre, sondern allein übertragene Staatsgewalt aus.

Beispiele: Frankreich, Vereinigtes Königreich.

Staatenbund: Auch der Staatenbund setzt sich aus einzelnen Staaten zusammen, doch ist dieser Zusammenschluss **nicht selbst ein Staat**. Er ist vielmehr ein **völkerrechtlicher Zusammenschluss**, bei dem allein die einzelnen Mitglieder Staatsqualität haben.

Die einzelnen Staaten behalten also ihre volle Staatsqualität und gehen lediglich zur Wahrnehmung gemeinsamer Angelegenheiten völkerrechtliche Bindungen ein. Damit sind auch die Rechtsakte des Staatenbundes regelmäßig nicht unmittelbar in den einzelnen Staaten verbindlich, sondern bedürfen grds. der Umsetzung in innerstaatliches Recht durch die einzelnen Mitgliedstaaten. Dementsprechend steht der Bürger hier keiner doppelten Staatsgewalt gegenüber, sondern nur derjenigen seines Staates. Der Staatenbund kann daher anders als im Bundesstaat auch nicht einseitig seine Kompetenzen erweitern (**keine Kompetenz-Kompetenz**).

Beispiel: Deutscher Bund von 1815.

---

[4] *Maurer*, Staatsrecht I, § 10 Rn 6.

Frage 2: Ausdruck des Bundesstaatsprinzips ist der Grundsatz der gegenseitigen Treueverpflichtung. Dieser verfassungsrechtliche Grundsatz des Föderalismus enthält die Rechtspflicht des Bundes und aller Länder, zu **bundesfreundlichem Verhalten**; alle an dem verfassungsrechtlichen Bündnis Beteiligten sind gehalten, dem Wesen des Bundes entsprechend zusammenzuwirken und zu seiner Festigung und zur Wahrung seiner und der wohlverstandenen Interessen seiner Glieder beizutragen.[5] Diese Pflicht trifft folglich **beide Seiten**: Die Länder sind gehalten, auf die Belange des Bundes Rücksicht zu nehmen, der Bund muss bei seinem Handeln stets auch die Interessen der Länder berücksichtigen.

Der Grundsatz der Bundestreue spielt insbesondere dort eine Rolle, wo die Kompetenzverteilung des GG eine „Arbeitsteilung" zwischen Bund und Ländern vorsieht.

Beispiel aus der Praxis: Bundesauftragsverwaltung, insbesondere im Bereich des Atomrechts.[6]

In bestimmten Fällen kann dieser Grundsatz auch zu einer **Handlung verpflichten**:

- Trifft etwa den Bund völkerrechtlich eine Pflicht zur Umsetzung eines Rechtsakts, die jedoch innerstaatlich in die Kompetenz der Länder fällt, kann der Grundsatz die Länder zu einem entsprechenden Handeln verpflichten.[7] Besondere Relevanz hat diese Konstellation bei der innerstaatlichen Umsetzung von Richtlinien der Europäischen Union.[8]

---

[5] So das BVerfG in E 1, 299 (315).
[6] Siehe hierzu auch den Fall 8 bei *Reffken/Thiele*, Standardfälle Staatsrecht I mit Vertiefung.
[7] BVerfGE 6, 309 (328); 32, 199 (219).
[8] Die Richtlinie der Union ist zweistufig ausgestaltet. Zunächst erfolgt der Erlass durch die Union, anschließend müssen die Mitgliedstaaten diese in einer bestimmten Frist in innerstaatliches Recht umsetzen. Siehe hierzu *Thiele*, Studienbuch Europarecht, S. 112 ff.

- Soweit eine Gemeinde ihre Kompetenzen überschreitet und hierdurch in Bundeszuständigkeiten
eingreift, besteht für das Land, dem die Gemeinde
angehört, eine Pflicht, im Wege der Rechtsaufsicht
vorzugehen.
- Der Bund muss die Länder anhören, bevor er
gestützt auf Art. 85 III GG eine Weisung erteilt.

Häufig ergeben sich zudem aus der Pflicht zu bundesfreundlichem Verhalten bestimmte Anhörungs- und Beteili-
gungsrechte.

Das Verfahren, in dem Verstöße gegen diese Pflicht gerügt
werden können, bildet regelmäßig der **Bund-Länder-Streit**
gemäß Art. 93 I Nr. 3 GG iVm §§ 13 Nr. 7, 68 ff BVerfGG.

Frage 3: Hier stellt sich die Frage nach der **Reichweite der
Parlamentsautonomie**. Reicht diese soweit, dass der Bundestag jederzeit seine Auflösung beschließen kann? Im GG
findet sich **keine explizite Regelung**. Allerdings ist eine
Auflösung des Parlaments nur in **zwei Fällen** ausdrücklich
vorgesehen (Art. 63 IV und Art. 68 GG).

Für beide Fälle ist charakteristisch, dass sie an Sachverhalte
anknüpfen, welche an die Arbeitsunfähigkeit des Bundestages anknüpfen. Zudem liegt **das letzte Wort jeweils beim
Bundespräsidenten**, der prüfen soll, ob eine Auflösung
politisch gerechtfertigt ist. Dies lässt eine **außerordentliche
Zurückhaltung** des Verfassungsgebers gegenüber der Auf-
lösung des Parlaments erkennen, wie sie vor allem im
Kaiserreich und in Weimar häufig vorgenommen wurde. Das
Parlament des GG soll sich folglich seiner Verantwortung
nicht einfach entziehen können. Im Ergebnis ist daher ein
Selbstauflösungsrecht des BT – auch um die genannten
Auflösungsvorschriften nicht zu unterlaufen – **abzulehnen**.

Frage 4: Hier finden sich die **Richtlinienkompetenz**, das **Ressortprinzip** und das **Kollegialprinzip**. Gemäß Art. 65 S. 1 GG bestimmt **der Kanzler die Richtlinien der Politik** und trägt dafür die Verantwortung. Regelmäßig fallen dabei unter den Begriff der Richtlinie nur generelle Vorgaben und allgemeine Weisungen. Ausnahmsweise können hiervon jedoch auch **Einzelweisungen** erfasst sein, sofern sie eine besondere Bedeutung aufweisen und damit zugleich gewissen Grundsatzcharakter haben. Nur so lässt sich die alleinige Verantwortung des Kanzlers gemäß Art. 65 S. 1 GG rechtfertigen.

In ein gewisses Spannungsverhältnis hierzu gerät das **Ressortprinzip**, wonach jeder Minister seinen Geschäftsbereich selbständig regelt. Er ist hierbei **an die Richtlinien des Kanzlers gebunden**. In den **Kernbereich** darf der Kanzler jedoch nicht eingreifen, indem er etwa selbständig Abteilungen einrichtet. Er ist hier auf die Mitarbeit des Ministers angewiesen, den er aber jederzeit entlassen kann.

In bestimmten Fällen ist zudem vorgesehen, dass die Regierung als Kollegium entscheiden muss. In diesem Bereich gilt nach überwiegender Ansicht die Richtlinienkompetenz des Kanzlers nicht

Beispiel: Beschluss einer Gesetzesinitiative.

Frage 5: Bei der Beteiligung des Bundesrates an der Gesetzgebung unterscheidet man zwischen *Einspruchs-* und *Zustimmungsgesetzen*. Bei Einspruchsgesetzen hat dieser die Möglichkeit, **nach Einberufung des VA** Einspruch gegen die Gesetzesvorlage des Bundestages zu erheben. Tut er dies, so ist für ein Inkrafttreten des Gesetzes erforderlich, dass der Bundestag den Einspruch zurückweist. Abhängig von der Einspruchsmehrheit im Bundesrat ist für eine solche Zurückweisung entweder die Mehrheit der Mitglieder des Bundestages oder eine Zweidrittelmehrheit erforderlich.

Bei einem Zustimmungsgesetz kann ein Gesetz hingegen nur dann in Kraft treten, wenn der Bundesrat dem gesamten Gesetz ausdrücklich seine Zustimmung erteilt. Bevor der Bundesrat diese Entscheidung trifft, hat er die Möglichkeit, einen VA einzuberufen. Dieses Recht hat in diesem Fall auch der Bundestag. **Grds. handelt es sich bei den Bundesgesetzen um Einspruchsgesetze.** Nur dann, wenn dies **ausdrücklich im GG vorgesehen** ist, liegt ein Zustimmungsgesetz vor.

Beispiel aus der Praxis: Art. 84 I GG.

Teil 2: Falllösung

In Betracht kommt ein Organstreitverfahren gemäß Art. 93 I Nr. 1, §§ 13 Nr. 5, 63 ff. BVerfGG.

A. Zulässigkeit

I. Parteifähigkeit

1. **Antragsteller**: Hier Bundeskanzler. Teil des Bundesorgans Bundesregierung und mit eigenen Rechten (Art. 64, 65 GG) ausgestattet (+)
2. **Antragsgegner**: Bundespräsident, Bundesorgan (+)

II. Antragsgegenstand
Jede rechtserhebliche Maßnahme oder Unterlassung des Antragsgegners. Hier Unterlassung der Ernennung. Diese ist auch rechtserheblich, da V ohne Ernennung nicht Teil der Bundesregierung werden kann. Ministeramt hängt von förmlicher Ernennung ab. Daher (+)

III. Antragsgrund
B müsste durch die fehlende Ernennung des V möglicherweise in eigenen Rechten verletzt sein. Hier Kabinettsbildungsrecht des Kanzlers. Durch fehlende Ernennung kann dieses möglicherweise nicht voll wahrgenommen werden. Daher (+).

IV. Form/Frist

Form § 23 BVerfGG. Frist: Beginnt bei Unterlassung zu dem Zeitpunkt ab dem die Weigerung für den Antragsteller erkennbar wurde und beträgt nach § 64 II BVerfGG 6 Monate. Hier (+)

V. Ergebnis: Zulässigkeit (+)

B. Begründetheit

Entscheidend ist die Regelung des **Art. 64 I GG**. Danach werden die Bundesminister auf Vorschlag des Kanzlers vom Bundespräsidenten ernannt und auch entlassen. Fraglich ist hier also, inwieweit der Bundespräsident den Vorschlag des Kanzlers prüfen darf und ob er unter bestimmten Umständen das Recht hat, einen Vorschlag abzulehnen. Hierzu findet sich erneut keine ausdrückliche Regelung. Es ist daher durch *Auslegung* dieser und anderer Bestimmungen zu ermitteln, ob ein solches Recht besteht.[9]

Es fällt zunächst auf, dass Art. 63 II GG davon spricht, dass der Kanzler vom Bundespräsidenten zu ernennen „**ist**". In Art. 64 I GG steht demgegenüber „werden ernannt". Dies scheint eine etwas „schwächere" Formulierung zu sein, die vielleicht für ein gewisses Prüfungsrecht spricht. In der Tat sollte es dem Bundespräsident gestattet sein, zu überprüfen, ob der Auserwählte die rechtlichen Voraussetzungen für ein Ministeramt erfüllt (etwa deutsche Staatsbürgerschaft).

Im Fall jedoch hält er den V wegen seiner Einstellung und des fehlenden Wehrdienstes für ungeeignet. Er lehnt ihn also aus **politischen Gründen** ab. Zu beachten ist jedoch, dass gemäß Art. 65 S. 1 GG allein der Kanzler die Richtlinien der Politik bestimmt und dafür auch die Verantwortung trägt. Wenn der Minister demnach schlecht arbeitet, so fällt dies nicht auf den Präsidenten, sondern auf den Kanzler

---

[9] Siehe auch *Jarass/Pieroth*, Art. 64 GG Rn 1.

zurück, der vom BT zur Verantwortung gezogen werden kann. Dann muss aber auch der Kanzler selbst beurteilen, mit wem er zusammenarbeiten möchte und mit wem nicht (**Kabinettbildungsrecht**).

Die Minister sind also Minister des Kanzlers und nicht Minister des Präsidenten, der nach der Aufgabenverteilung des GG keine „tagespolitischen" Kompetenzen besitzt. Daher hat der Präsident allein ein rechtliches und kein politisches Prüfungsrecht. Da Wehrdienst und eine unpazifistische Haltung keine rechtlichen Voraussetzungen für das Amt des Verteidigungsministers darstellen, musste der Präsident V ernennen. Die Nichternennung stellt folglich eine Verletzung des Kabinettbildungsrechts des Kanzlers dar.

C. Ergebnis

Das Organstreitverfahren ist **zulässig** und **begründet**.

▶ Unsere 📖 Skripten 📑 Karteikarten 🎧 Hörbücher (CD & MP3)

Zivilrecht

- 📖 Standardfälle für Anfänger (7,90 €)
- 📖 🎧 Standardfälle BGB AT (7,90 €)
- 📖 🎧 Standardfälle Schuldrecht (7,90 €)
- 📖 🎧 Standardfälle Ges. Schuldverh., §§ 677, 812,823
- 📖 🎧 Standardfälle Sachenrecht (9,90 €)
- 📖 🎧 Standardfälle Familien- und Erbrecht (9,90 €)
- 📖 Klausuren Übung für Fortgeschrittene (7,90 €)
- 📖 🎧 Basiswissen BGB (AT) (Frage-Antwort)
- 📖 🎧 Basiswissen SchuldR (AT) 📖 🎧 SchuldR (BT) (7 €)
- 📖 🎧 Basiswissen Sachenrecht, 📖 🎧 FamR, 📖 🎧 ErbR
- 📖 Einführung in das Bürgerliche Recht (7,90 €)
- 📖 Studienbuch BGB (AT) (12 €)
- 📖 Studienbuch Schuldrecht (AT) (12 €)
- 📖 Schuldrecht (BT) 1 - §§ 437, 536, 634, 670 ff. (9,90 €)
- 📖 Schuldrecht (BT) 2 - §§ 812, 823, 765 ff. (9,90 €)
- 📖 SachenR 1 – Bewegl. S., 📖 SachenR 2 – Unb. S. (9,9 €)
- 📖 Familienrecht und 📖 Erbrecht (Einführungen) (9,90 €)
- 📖 Streitfragen Schuldrecht (7,90 €)
- 📖 🎧 Definitionen für die Zivilrechtsklausur (9,90 €)

Strafrecht

- 📖 🎧 Standardfälle für Anfänger Band 1 (9,90 €)
- 📖 Standardfälle für Anfänger Band 2 (7,90 €)
- 📖 Standardfälle für Fortgeschrittene (12 €)
- 📖 🎧 Basiswissen Strafrecht (AT) (Frage-Antwort)
- 📖 🎧 Basiswissen Strafrecht BT 1 und 📖 🎧 BT 2 (7 €)
- 📖 Strafrecht (AT) (7,90 €)
- 📖 Strafrecht (BT) 1 – Vermögensdelikte (9,90 €)
- 📖 Strafrecht (BT) 2 – Nichtvermögensdelikte (9,90 €)
- 📖 🎧 Definitionen für die Strafrechtsklausur (7,90 €)

Irrtümer und Änderungen vorbehalten!

Öffentliches Recht

- 📖 Standardfälle Staatsrecht I – StaatsorgaR (9,90 €)
- 📖 Standardfälle Staatsrecht II – Grundrechte (9,90 €)
- 📖 🎧 Standardfälle f. Anfänger (StaatsorgaR u. GRe) (7,9 €)
- 📖 Standardfälle Verwaltungsrecht (AT) (9,90 €)
- 📖 Standardfälle Polizei- und Ordnungsrecht (9,90 €)
- 📖 Standardfälle Baurecht (9,90 €)
- 📖 Standardfälle Europarecht (9,90 €)
- 📖 Standardfälle Kommunalrecht (9,90 €)
- 📖 🎧 Basiswissen StaatsR I –StaatsorgaR (Fr-Antw.) (7 €)
- 📖 🎧 Basiswissen StaatsR II –GrundR (Frage-Antw.) (7 €)
- 📖 Basiswissen VerwaltungsR AT– (Frage-Antwort) (7 €)
- 📖 Studienbuch Staatsorganisationsrecht (9,90 €)
- 📖 Studienbuch Grundrechte (9,90 €)
- 📖 Studienbuch Verwaltungsrecht AT (12 €)
- 📖 Studienbuch Europarecht (12,90 €)
- 🎧 Basiswissen Europarecht
- 📖 Staatshaftungsrecht (9,90 €)
- 📖 VerwaltungsR AT 1 – VwVfG u. 📖 AT 2–VwGO (7,90 €)
- 📖 VerwaltungsR BT 1 – POR (9,90 €)
- 📖 VerwaltungsR BT 2 – BauR 📖 BT 3 – UmweltR (9,90 €)
- 📖 🎧 Definitionen Öffentliches Recht (9,90 €)

Steuerrecht

- 📖 Abgabenordnung (AO) (9,90 €)
- 📖 Erbschaftsteuerrecht (9,90 €)
- 📖 Steuerstrafrecht/Verfahren/Steuerhaftung (7,90 €)

Sozialrecht

- 📖 Kinder- und Jugendhilferecht (7,90 €)
- 📖 Sozialrecht (9,90 €)

Nebengebiete

- 📖 🎧 Standardfälle Handels- & GesR (9,90 €)
- 📖 🎧 Standardfälle Arbeitsrecht (9,90 €)
- 📖 Standardfälle ZPO (9,90 €)
- 📖 🎧 Basiswissen HandelsR (Frage-Antwort) (7,9 €)
- 📖 🎧 Basiswissen Gesellschaftsrecht (7,90 €)
- 📖 🎧 Basiswissen ZPO (Frage-Antwort) (7,90 €)
- 📖 🎧 Basiswissen StPO (Frage-Antwort) (7,90 €)
- 📖 Handelsrecht (9,90 €)
- 📖 Gesellschaftsrecht (9,90 €)
- 📖 Arbeitsrecht (9,90 €)
- 📖 Kollektives Arbeitsrecht (9,90 €)
- 📖 ZPO I – Erkenntnisverfahren (9,90 €)
- 📖 ZPO II – Zwangsvollstreckung (9,90 €)
- 📖 Strafprozessordnung – StPO (9,90 €)
- 📖 Einf. Internationales Privatrecht - IPR (9,90 €)
- 📖 Standardfälle IPR (9,90 €)
- 📖 Insolvenzrecht (9,90 €)
- 📖 Gewerbl. Rechtsschutz/Urheberrecht (9,90 €)
- 📖 Wettbewerbsrecht (9,90 €)
- 📖 Ratgeber 500 Spezial-Tipps für Juristen (12 €)
- 📖 Mediation (7,90 €)
- 📖 Sportrecht (9,90 €)

Karteikarten (je 9,90 €)

- 📑 Zivilrecht: BGB AT/SchuldR/Grundlagen/Schemata
- 📑 Strafrecht: AT/BT-1/BT-2/Streitfragen
- 📑 Öff. R.: StaatsorgaR/GrundR/VerwR/Schemata

Assessorexamen

- 📖 Der Aktenvortrag im Strafrecht (7,90 €)
- 📖 Der Aktenvortrag im Zivilrecht (7,90 €)
- 📖 Der Aktenvortrag im Öffentlichen Recht (7,90 €)
- 📖 Staatsanwaltl. Sitzungsdienst & Plädoyer (9,90 €)
- 📖 Die strafrechtliche Assessorklausur (7,90 €)
- 📖 Die Assessorklausur VerwR Bd. 1 (7,90 €)
- 📖 Die Assessorklausur VerwR Bd. 2 (7,90 €)
- 📖 Vertragsgestaltung in der Anwaltsstation (7 €)

Irrtümer und Änderungen vorbehalten!

BWL

- 📖 Einführung i. die Betriebswirtschaftslehre (7,90 €)
- 📖 Marketing (7 €)
- 📖 Organisationsgestaltung & -entwickl. (7,90 €)
- 📖 Fallstudien Organisationsgestaltung & -entwickl.
- 📖 Internationales Management (7 €)
- 📖 Wie gelingt meine wiss. Abschlussarbeit? (7 €)

Irrtümer und Änderungen vorbehalten!

Schemata

- 📖 Die wichtigsten Schemata-ZivR,StrafR,ÖR (14,90)
- 📖 Die wichtigsten Schemata–Nebengebiete (9,90 €)

🎧 bedeutet: auch als **Hörbuch** (CD oder MP3-Download) lieferbar!

Bei **niederle-media.de** bestellte Artikel treffen idR *nach 1-2 Werktagen* ein!